JN340157

글 이기규

초등학교에서 어린이들을 가르치는 선생님이자, 어린이 교양서부터 동화까지 다양한 글을 쓰는 작가입니다. 이 순간에도 어린이들이 읽으면 통쾌하고, 어른들이 읽으면 심장이 뜨끔한 책이 최고의 어린이책이란 믿음으로 열심히 글을 쓰고 있습니다.
지은 책으로 《책 도깨비에게 뚝딱 배우는 문해력》, 《알잖아! 플라스틱을 왜 줄여야 하는지》, 《어느 날 우리 집에 우주고양이가 도착했다》, 《용 튀김》 시리즈, 《고래 엄마에게 소화제가 필요해!》, 《장자 아저씨네 미용실》, 《내 동생은 고양이가 아니야》, 《인권 논쟁》, 《학교, 잘 다니는 법》, 《내가 하고 싶은 일, 교사》, 《모두가 반대하고 외면해도 나는 찬성!》, 《모두가 옳다고 하면 옳은 걸까? 나는 반대!》 등이 있습니다.

그림 김창호

만화가 이태호, 권가야 선생님 문하로 만화의 세계로 들어왔습니다. 방송통신대학교에서 미디어영상학을 공부하였으며, 2006년 〈아이세움 코믹스—과학 상식 시리즈〉로 데뷔 후 다양한 학습 만화와 삽화 작업을 해 오고 있습니다. 청소년수련관에서 만화, 일러스트 강사로도 활동하였습니다.
그린 책으로 《책 도깨비에게 뚝딱 배우는 문해력》, 《알잖아! 플라스틱을 왜 줄여야 하는지》가 있습니다.

글 이기규 | 그림 김창호

작가의 말

"단어의 뜻은 다 아는데 책 내용이 이해가 안 돼요."

책을 읽으면서 이런 고민을 말하는 친구들이 있습니다. 모르는 단어가 하나도 없는데 글 전체가 어떤 내용인지는 이해가 안 된다는 말입니다. 특히 소설, 동화, 시 같은 작품을 읽을 때, 중심 내용이 무엇이고, 주제가 무엇인지를 한 번에 파악하지 못하는 친구들도 많습니다.

글을 읽으며 자연스럽게 글쓴이의 생각을 이해하고 문장이 어떤 의미를 가지고 있는지, 문장 속 표현이 어떤 의미인지 이해하기 위해서는 꾸준한 연습이 필요합니다. 문해력의 기초가 탄탄해진다면 글 속에 담긴 재미와 감동을 얻을 수 있을 뿐만 아니라, 글을 이해하는 능력이 커지면서 글을 쓰거나 말을 할 때도 도움이 됩니다. 그래서 문장과 문장의 관계를 이해하고 전체적인 글의 의미를 파악하는 것은 문해력에서 매우 중요한 능력입니다.

이 책은 문장을 읽고 글의 내용을 파악하는 방법을 알고 싶어하는 여러분을 위해 쓰였습니다. 책 속에서는 주인공 한결이와 책 도깨비 다온이가 문해력 미로를 탈출하기 위해 여러 가지 모험을 합니다. 여러분은 책을 읽으면서 한결이와 다온이의 모험을 함께합니다. 또 모험 속에서 자연스럽게 문장들 사이의 관계와 글 속의 숨은 의미를 알아내는 방법들을 배울 것입니다. 어때요. 문해력을 높이는 신나는 모험을 떠날 준비가 되었나요?

이기규

차례

1. 미로의 책
: 중심 생각이 뭐야?…10

2. 미로 탈출 설명서
: 중심 내용 찾기…24

3. 열쇠 미로
: 중심 문장 찾기…46

4. 이야기 미로
: 속담, 고사성어, 관용어 이해하기…66

5. 상상 미로
: 비유와 상징 이해하기…94

6. 거꾸로 미로
: 반어와 역설, 강조 이해하기…118

1. 미로의 책
: 중심 생각이 뭐야?

"자, 모두 잘 읽었어요. 그럼 이 시에서 중심 생각은 무엇일까?"

선생님의 질문에 방금까지 큰 소리로 국어책을 읽었던 아이들이 모두 입을 꾹 닫고 고개를 푹 숙였어요. 혹시라도 선생님의 눈에 띄기라도 하면 발표를 해야 하니까요. 그건 한결이도 마찬가지였어요. 한결이는 선생님 말씀이 떨어지자마자 책 속으로 얼굴을 폭 파묻었어요.

"난 국어 시간이 정말 싫어!"

한결이가 짝꿍인 서연이에게 작은 목소리로 속삭였어요.

"넌 모르는 단어도 없는데 국어 시간이 왜 싫어?"

"단어의 뜻을 다 알면 뭐 해. 몇 번을 읽어도 무슨 내용인지 잘 모르겠는걸."

한결이가 머리를 긁적였어요. 국어책에 한결이가 모르는 단어는 거의 없었어요. 그런데 이상하게 국어책은 읽어도 그 내용이 잘 이해가 되지 않았어요. 특히 선생님이 '이 시의 중심 생각이 뭘까?', '이 글의 주제는 뭘까?', '이 글에서 글쓴이가 말하고자 하는 것은 뭘까?'라고 질문하시면 아무 대답도 할 수 없었어요.

그렇다고 한결이가 놀기만 한 건 아니에요. 한결이는 선생님이 질문하실 때마다 눈을 똑바로 뜨고 다시 한번 국어책을 읽었어요. 하지만 국어책을 몇 번이나 읽어도 마치 글자들이 꼬불꼬불 미로를 만들어 한결이를 가로막는 것처럼 느껴졌어요.

"서한결! 네가 한번 말해 볼래?"

선생님의 부름에 한결이가 깜짝 놀라 고개를 들었어요.

"저, 저요?"

한결이가 고개를 푹 숙였어요.

그 모습을 보고 선생님이 한숨을 푹 쉬셨어요.

"후, 그럼 누구 말해 볼 사람 없니?"

선생님이 다른 친구들을 둘러보셨어요. 그때였어요. 서연이가 조용히 손을 들었어요.

"음, 이 시의 중심 생각은 '생명을 소중히 하자'입니다."

서연이의 말에 그제야 선생님이 미소를 지으셨어요.

"맞아요. 이 시를 잘 살펴보면 생명을 소중히 여기자는 시인의 생각이 담겨 있는 걸 알 수 있어요."

선생님의 설명이 시작되자 아이들은 국어책에다 열심히 중심 생각을 받아 적기 시작했어요. 하지만 한결이는 달랐어요. 잘 알지도 못하면서 그저 선생님이 말씀하신 대로 정답을 받아 적고 싶지 않았거든요.

'도대체 책을 어떻게 읽어야 서연이처럼 정답을 찾을 수 있지? 그리고 중심 생각은 뭐야?'

답답한 마음에 한결이는 서연이에게 물었어요.

"서연아! 넌 어떻게 정답을 알아차린 거야? 알았다! 학원 선생님이 미리 알려 준 거지? 그렇지?"

한결이의 물음에 서연이는 당황한 듯 말했어요.

"아, 아니야. 난 그냥 글을 차분히 읽어 보고 안 건데?"

"뭐라고? 말도 안 돼! 난 세 번이나 읽었는데도 도통 모르겠는데. 분명 너만의 비법이 있어, 그렇지?"

한결이가 더 물어보았지만 서연이는 국어책 속으로 얼굴을 숨겼어요. 한결이는 답답했어요.

집으로 돌아온 한결이는
바로 서재로 들어갔어요. 책들에 둘러싸여
할아버지의 낡은 의자에 앉으니 마음은 편안해졌지만, 여
전히 마음속 물음표는 답을 찾지 못했어요. 그때였어요.
'스윽! 스윽! 차라락!'
책장 넘기는 소리가 들려왔어요. 한결이는
그 소리가 무엇인지 바로 알아차렸어요.
"깔깔깔! 헤헤헤!"
익숙한 웃음소리와 함께 책장에 꽂혀 있던 책들이 이
리저리 날아와 한결이 주위를 빙글빙글 돌았어
요. 처음 책 도깨비를 만나는 거였다면 놀
랐을 테지만, 지금은 다온이를 만난다는 생
각에 반가웠어요. 한결이가 자리에서 벌떡
일어나 방긋 웃으며 외쳤어요.
"다온! 너지?"
"깔깔깔! 잘 지냈냐?"
웃음소리와 함께 서서히 책 도깨비
다온이의 모습이 나타났어요.

파란색 멜빵 바지에 주근깨가 가득한 장난기 많은 얼굴은 여전했지요.

한결이는 다온이를 보자 한숨을 푹 쉬었어요.

"너는 여전하구나! 근데 난 고민이 가득해."

"뭐야, 문해력 짱이 되었다고 좋아할 땐 언제고? 그래서 할배가 날 또 여기 보낸 거구나!"

다온이가 팔짱을 끼고 말했어요. 한결이는 더욱 얼굴이 어두워졌어요.

"할아버지도 날 걱정하시는구나!"

"그, 그만! 언제까지 기운 빠져 지낼 거야. 이번엔 고민이 뭐야? 내가 아주아주 잘 들어주지!"

다온이가 자신의 귀를 선풍기보다 더 크게 만들었어요. 그 모습을 보고 한결이는 웃음을 터뜨렸어요. 역시 다온이가 있으면 마음이 편해졌지요. 한결이는 다온이에게 학교에서 있었던 일을 이야기했어요.

"음……. 그러니까, 모르는 단어가 없는데도 중심 생각을 모르겠단 말이지?"

"맞아. 몇 번을 읽고 또 읽어도 잘 모르겠어. 분명 이런 글엔 뭔가 암호가 숨겨져 있을 거야. 네 생각은 어때?"

한결이의 말에 다온이는 커다란 돋보기를 꺼내 주변을 이리저리 살펴보는 시늉을 했어요.

"네가 읽은 책 중에 암호가 적혀 있는 건 한 권도 없어. 네가 읽은 시에도 이상한 암호는 없을걸."

한결이가 한숨을 푹 쉬었어요.

"그럼 왜 이해가 안 되는 걸까?"

"그거야, 네가 아직 문해력이 부족한 거지."

다온이가 당연하다는 듯이 말했어요.

"단어만 잘 알면 문해력 짱이 되는 게 아니었어?"

다온이가 고개를 저었어요.

"뭐, 단어를 많이 알면 좀 더 쉽긴 해. 하지만 단어를 알아도 무슨 뜻인지 잘 모르는 글도 있다고."

한결이가 더욱 깊게 한숨을 푹 쉬었어요.

"뭐야. 그럼 그런 글은 어떻게 하면 이해할 수 있는데?"

한결이의 물음에 다온이는 이리저리 날아다니면서 책들을 활짝 펼치며 대답했어요.

"글 속의 문장이 어떤 의미인지 알아야지. 그리고 글 속에 숨겨진 뜻도 찾아야 하고. 마치 보물찾기처럼."

"보물찾기?"

한결이가 고개를 갸웃거렸어요.

"그래. 보물을 찾으려면 보물 지도를 보며 함정도 피하고, 이리저리 살펴야 하잖아. 마찬가지로 그냥 책만 읽으면 그 보물을 찾지 못할 거야. 하지만 이곳저곳 잘 살펴서 숨겨진 뜻을 파악하면 아주 멋진 보물을 찾게 되지."

다온이가 펼쳐진 책 속에서 커다란 보물 상자를 하나 꺼내 한결이 앞에 탁 꺼내 놓았어요. 그 바람에 한결이는 엉덩방아를 찧고 말았지요.

"아이코, 알았어. 그럼 책 속에 숨은 보물을 찾으면 문제가 해결된다는 거지? 그걸 어떻게 찾아야 하는데?"

한결이가 엉덩이를 만지며 몸을 일으켰어요.

"당장 보물을 찾으러 책 속으로 가면 되지! 자, 서재의 책 중 보물이 담긴 책이 있는지 어디 한번 살펴볼까? 깨비 깨비! 책 깨비!"

다온이가 주문을 외자 서재의 책들이 모두 하나하나 무지갯빛으로 빛났어요. 그리고 그 수많은 책 중에 책 한 권이 매우 밝게 빛났지요.

"저 책이야! 준비해!"

다온이가 소리쳤어요. 한결이는 침을 꼴깍 삼켰어요.

"자! 내가 책을 펼치면 그때 책 속으로 뛰어드는 거야. 알겠지?"

다온이의 말에 한결이가 당황해서 외쳤어요.

"잠깐, 저 책 속에 들어간다고? 그게 가능해?"

"아이고, 아파라!"

한결이가 정신을 차린 건 책 속으로 뛰어들고 난 뒤 한참이 지나서였어요. 책 속으로 뛰어들면서 무언가에 부딪혔는지 한결이는 온몸이 아팠어요. 한결이가 몸을 일으켜 다온이에게 다가갔어요.

"우리가 책 속으로 들어온 거야?"

한결이의 말에 다온이가 고개를 끄덕였어요. 여전히 팔짱을 낀 채로 말이에요. 한결이는 다온이가 심각한 표정으로 서 있는 것을 보고 더럭 겁이 났어요.

"왜 그래? 뭐가 잘못됐어?"

한결이의 물음에 다온이가 고개를 돌리며 말했어요.

"책 속에 들어온 건 아주 완벽해. 그런데……."

"그, 그런데?"

"문제는 우리가 들어온 책이……. 아주 골치 아픈 책이라서 말이야."

"골치 아픈 책이라고? 왜?"

한결이의 물음에 다온이는 고개를 저으며 말했어요.

"우리가 들어온 책은 바로 미로의 책이란 말이야."

"미로의 책? 그, 그게 무슨 책인데?"

"들어오는 건 쉽지만 나가기 위해서 책 속 미로를 모두 탈출해야 하는 책이야."

한결이는 불길한 생각에 다온이의 어깨를 꽉 잡았어요.

"그 미로를 다 탈출하지 못 하면 어떻게 되는데? 서, 설마 이상한 일이 생기는 건 아니지?"

다온이가 고개를 푹 숙이며 대답했어요.

"미로를 다 탈출하지 않으면 우리는 절대 이 책에서 나갈 수 없어. 영원히 책 속에 갇히는 거라고."

"맙소사!"

한결이는 너무 놀라 자리에 주저앉았어요. 그리고 그제야 주변 풍경이 눈에 들어왔어요. 한결이를 둘러싼 커다란 책들이 서로 연결되어 끝도 없이 펼쳐진 풍경 말이에요.

"으아앙!"

한결이는 그 자리에서 울음을 터뜨렸어요.

2. 미로 탈출 설명서
: 중심 내용 찾기

"야, 그만 울어!"

다온이가 당황해서 한결이 주위를 빙글빙글 돌았어요. 하지만 한결이는 울음을 멈추지 않았어요.

"울지 마! 책 도깨비 다온이 이깟 미로를 탈출하지 못할 것 같아? 그러니까 걱정하지 말라고."

"정말?"

그제야 한결이가 울음을 멈추고 다온이를 바라봤어요.

"다, 당연하지! 뭐 네 도움이 아주 쪼끔 필요하지만."

다온이는 이렇게 말하고 품속에서 커다란 두루마리를 꺼내 한결이의 눈앞에 펼쳤어요.

"이게 뭐야?"

"이게 바로! '미로의 책' 탈출 방법이 적힌 설명서야!"

다온이의 말에 한결이는 눈을 크게 뜨고 설명서를 살펴보았어요. 설명서는 내용이 매우 많고 글도 복잡해 보였어요. 한결이가 한숨을 쉬며 말했어요.

"휴, 무슨 내용이 이렇게 많아. 너무 내용이 많아서 읽다 보면 앞에 무슨 내용이 있었는지 다 까먹을 것 같아. 아! 다온이 네가 몽땅 읽고 알려 주면 되겠다. 그치?"

한결이의 말에 다온이가 고개를 가로저었어요.

"안 돼! 나는 도움을 줄 순 있지만 문제를 해결할 순 없어. 미로의 책에서는 도깨비의 힘을 직접 사용하면 안 되거든. 그러니까 문제를 해결하고 미로를 탈출하는 건 한결이 너 혼자 해야 해."

"뭐야, 네 말대로라면 내 도움이 쪼끔 필요한 게 아니라 내가 다 하는 거잖아?"

한결이가 흘겨보자 다온이는 괜히 딴청을 피웠어요.

"와! 시간이 벌써 이렇게 지났네. 빨리 설명서 내용을 읽고 미로를 탈출하지 않으면 영원히 책 속에 갇힐 수도 있다니까. 자, 서둘러! 어서!"

"나 참!"

한결이는 다온이의 재촉에 설명서를 찬찬히 읽기 시작했어요. 그 모습을 보며 다온이가 슬쩍 훈수를 두었어요.

"아무리 긴 글도 문단으로 나누어져 있어. 그러니까 한 문단씩 차근차근 어떤 내용인지 알아 가면 전체 내용도 쉽게 알 수 있게 돼."

다온이의 설명에 한결이는 고개를 끄덕였어요.

"그렇구나! 그럼 문단을 잘 살펴보면 글이 어떤 내용인지 쉽게 알 수 있겠네?"

"맞았어! 역시 내가 설명을 잘하니 금방 이해하는군."

다온이가 으스대듯이 말했어요.

"그런데 글에서 어디서 어디까지가 한 문단인지는 어떻게 알 수 있어?"

한결이의 물음에 다온이가 비법 두루마리를 가리켰어요.

"이 설명서를 보면 처음 시작할 때 한 칸씩 들여 쓴 게 보이지? 이게 바로 문단이 시작된다는 의미야. 그리고 다시 새로운 문단이 시작될 땐 또다시 들여 쓰면 돼."

한결이는 다온이의 말을 생각하며 설명서를 찬찬히 살펴보았어요.

"와! 정말 들여쓰기 한 부분이 있네! 그럼 들여쓰기 한 부분부터 시작해서 새로운 들여쓰기 전까지가 한 문단인 거구나!"

한결이의 눈이 반짝였어요. 다온이가 엄지손가락을 치켜들었어요.

"알겠어. 한 문단씩 내용 확인하기! 자, 그럼 제대로 설명서를 읽어 볼까!"

한결이가 눈을 부릅뜨고 설명서의 첫 문단을 읽었어요.

"음, 첫 문단은 두 문장으로 이루어져 있어. 첫 번째 문장은 설명서를 쓴 사람이 누구인지 적혀 있고, 두 번째 문장은 설명서의 변화 과정이 적혀 있어. 맞지?"

한결이의 물음에 다온이가 고개를 끄덕였어요.

"맞아, 그럼 다음 문단도 읽어 봐."

한결이는 다온이의 말에 두 번째 문단도 읽었어요.

"두 번째 문단도 두 개의 문장으로, 설명서를 제대로 읽지 않으면 미로를 통과할 수 없다는 내용이야. 와! 네 말대로 두 문단의 내용이 정말 다르네! 신기해."

한결이의 눈이 커졌어요. 다온이는 다시 문단을 가리키며 말했어요.

"더 놀랄 일이 남아 있어. 한 문단 안에 있는 문장들은 서로 특별하게 연결되어 있어."

"정말? 어떻게 연결되어 있는데?"

"한 문단 안에 있는 문장들은 서로 밀접한 관계가 있어. 예를 들어, 뒤 문장이 앞 문장을 보충 설명하거나 앞 문장에서 주장한 것을 뒤 문장에서 그 이유를 설명하지.

또 앞 문장이 설명한 내용에 대해 뒤 문장에서 구체적인 사례를 알려 주기도 해."

다온이의 설명에 한결이가 한숨을 쉬었어요.

"문장과 문장이 그냥 쓰인 게 아니구나! 그럼 문장들이 서로 어떤 관계인지 어떻게 알지?"

"그건 설명서의 다음 부분을 보면서 알려 줄게."

다온이의 말에 한결이는 고개를 끄덕인 후 설명서의 다음 부분을 읽어 내려갔어요.

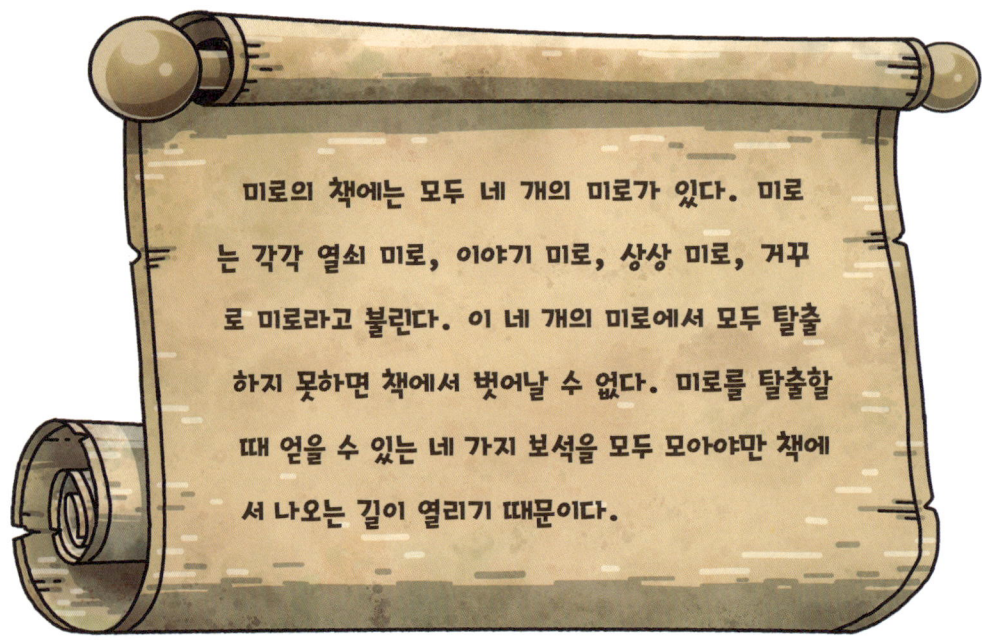

미로의 책에는 모두 네 개의 미로가 있다. 미로는 각각 열쇠 미로, 이야기 미로, 상상 미로, 거꾸로 미로라고 불린다. 이 네 개의 미로에서 모두 탈출하지 못하면 책에서 벗어날 수 없다. 미로를 탈출할 때 얻을 수 있는 네 가지 보석을 모두 모아야만 책에서 나오는 길이 열리기 때문이다.

"자, 문장들이 서로 어떤 관계가 있는 것 같니?"

다온이의 물음에 한결이는 곰곰이 생각에 잠겼어요. 예전에는 문장을 따로따로 이해했다면, 이번에는 서로 어떤 관계로 연결되었는지에 집중했어요.

"음……. 이 문단은 네 개의 문장으로 구성되어 있어. 첫 번째 문장은 미로가 네 개 있다고 했고, 두 번째 문장은 네 미로가 각각 어떤 미로인지 말하고 있어. 아! 두 번째 문장이 첫 번째 문장을 설명하는구나. 맞지?"

"오, 대단한걸!"

다온이가 치켜세워 주자 한결이는 신이 났어요.

"이제 문해력 짱 한결 님에게 설명서 따윈 문제없다고!"

한결이가 기운차게 다음 문단을 읽기 시작했어요. 그런데 읽으면 읽을수록 뭔가 내용이 이상해 보였어요. 문장 하나하나는 이해할 수 있었지만, 글의 내용은 이상하게 이해할 수 없었지요.

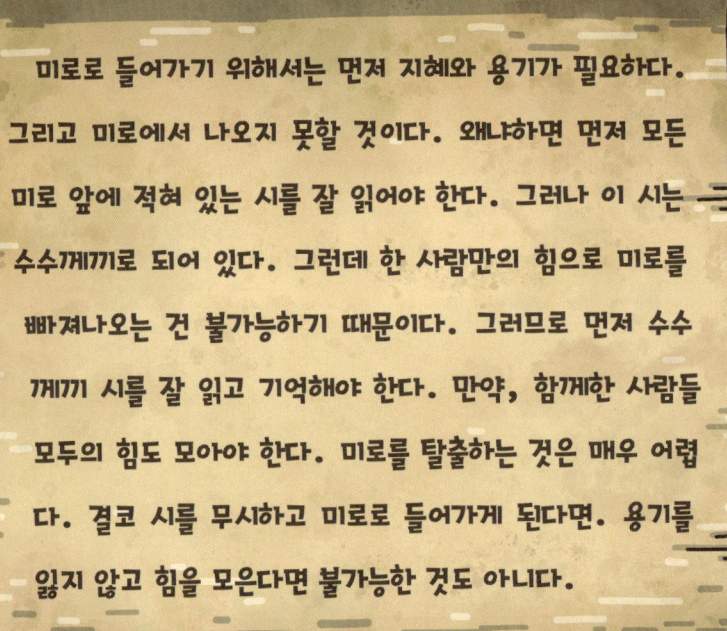

미로로 들어가기 위해서는 먼저 지혜와 용기가 필요하다. 그리고 미로에서 나오지 못할 것이다. 왜냐하면 먼저 모든 미로 앞에 적혀 있는 시를 잘 읽어야 한다. 그러나 이 시는 수수께끼로 되어 있다. 그런데 한 사람만의 힘으로 미로를 빠져나오는 건 불가능하기 때문이다. 그러므로 먼저 수수께끼 시를 잘 읽고 기억해야 한다. 만약, 함께한 사람들 모두의 힘도 모아야 한다. 미로를 탈출하는 것은 매우 어렵다. 결코 시를 무시하고 미로로 들어가게 된다면. 용기를 잃지 않고 힘을 모은다면 불가능한 것도 아니다.

다온이의 말에 한결이는 다시 문단을 읽어 보았어요.

"아무리 읽어도 잘 모르겠어. 무슨 암호문 같아."

한결이가 고개를 절레절레 흔들었어요. 다온이도 눈빛을 빛내며 설명서를 다시 읽었어요.

"아하! 알겠어. 문장들을 제자리로 옮기려면 '이어 주는 말'을 살펴보면 돼."

"이어 주는 말, 그게 뭐야?"

"문단 속에 문장과 문장이 서로 연결되어 있다고 했잖아. 이 연결을 자연스럽고 분명하게 해 주는 말이야. 한결아, 우선 문장과 문장 사이에 사용된 말을 찾아봐."

한결이는 다시 설명서를 꼼꼼히 살펴보았어요.

"어? 정말 문장 사이에 다른 말들이 있어. 그리고, 왜냐하면, 그런데, 그러므로……. 이런 말?"

"맞아! 그게 바로 이어 주는 말이야."

하지만 다온이의 말에도 한결이는 고개를 갸웃거렸어요.

"이어 주는 말이 뭔진 알겠어. 그런데 이걸로 어떻게 뒤죽박죽 섞인 문장을 바로잡을 수 있어?"

한결이의 물음에 다온이가 한 바퀴 공중제비하더니 손가락으로 공중을 가리켰어요. 그러자 설명서 안에 있던 이어 주는 말들이 빠져나와 한결이 머리 위로 빙글빙글 돌기 시작했어요.

"이어 주는 말은 그냥 아무렇게나 쓰는 게 아니야. 이어 주는 말은 쓰임에 따라 나눌 수 있거든. 예를 들어, 앞의 문장과 반대되거나 다른 내용의 문장을 이어 주는 말로 '그러나, 그런데, 그렇지만'이 있지!"

　다온이가 손가락을 빙글빙글 돌리자 한결이 눈앞에 맴돌고 있던 '그러나, 그런데, 그렇지만'이 쏙 빠져나와 자기들끼리 모였어요.

　"두 문장의 내용이 서로 비슷하게 반복되거나, 앞 문장의 내용을 뒤 문장에서 더 추가할 때는 '그리고, 또, 또는' 같은 말이 사용돼."

　한결이는 다온이의 말에 따라 이어 주는 말들이 모이는 것을 신기한 듯 쳐다보았어요.

"문장 두 개가 서로 원인과 결과를 나타내는 문장일 땐, '그러니까, 그래서, 그러므로' 같은 이어 주는 말을 쓰고."

"와! 이렇게 구분해서 보니까 이어 주는 말이 어떤 건지 한눈에 알겠어."

한결이가 고개를 끄덕였어요. 다온이가 남아 있는 단어들을 다시 정리했어요.

"그렇지? 이것들 이외에도 '만약'이란 단어는 '~한다면'이란 말로 연결되어서 아직 일어나지 않은 사실이나 상황을 예상할 때 쓰이고, '결코'라는 말은 다음에 '못 한다', '안 된다'처럼 부정적인 표현을 쓸 때 사용해."

"알겠어. 그럼 이어 주는 말이 어떨 때 사용되는지 잘 살펴서 뒤죽박죽 문장들을 원래대로 바꾸면 되는 거지?"

한결이가 이렇게 말하며 팔을 걷어붙이고 설명서를 바라보았어요. 한참 시간이 지난 뒤 한결이가 눈빛을 빛내며 말했어요.

"자! 다 끝났어. 내가 바꿔 본 건 이거야!"

한결이는 설명서의 문장들을 다시 바꿔서 큰 소리로 읽었어요.

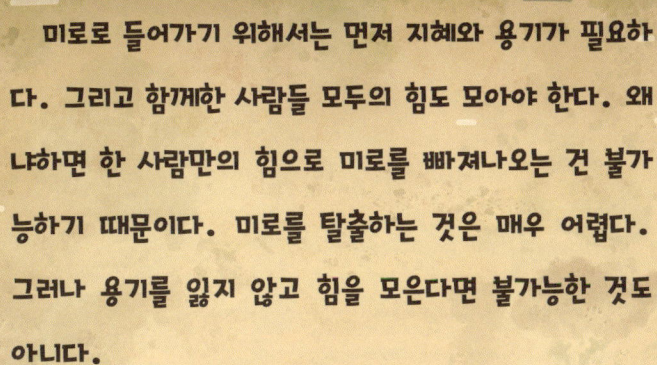

미로로 들어가기 위해서는 먼저 지혜와 용기가 필요하다. 그리고 함께한 사람들 모두의 힘도 모아야 한다. 왜냐하면 한 사람만의 힘으로 미로를 빠져나오는 건 불가능하기 때문이다. 미로를 탈출하는 것은 매우 어렵다. 그러나 용기를 잃지 않고 힘을 모은다면 불가능한 것도 아니다.

먼저 모든 미로 앞에 적혀 있는 시를 잘 읽어야 한다. 그런데 이 시는 수수께끼로 되어 있다. 그러므로 먼저 수수께끼 시를 잘 읽고 기억해야 한다. 만약 시를 무시하고 미로로 들어가게 된다면, 결코 미로에서 나오지 못할 것이다.

한결이가 고친 문단을 읽자 설명서가 적힌 두루마리가 밝게 빛났어요.

"됐어! 이제 설명서를 다 읽었어!"

다온이도 기뻐서 펄쩍 뛰어올랐어요.

"좋았어! 그럼 이제 미로로 출발!"

한결이가 기운차게 주먹을 쥔 팔을 쭉 뻗었어요. 하지만 이내 주변의 모습을 보고 팔을 슬그머니 내렸지요.

"그, 그런데 다온아. 이제 우린 어디로 가야 해?"

한결이의 말에 다온이도 주변을 둘러보았어요. 한결이와 다온이의 키를 훌쩍 넘는 커다란 책들이 사방을 둘러싸고 있는 것 이외에 미로로 들어가는 문 같은 건 보이지 않았기 때문이에요.

"그, 글쎄……."

다온이가 머리를 긁적였어요. 그때였어요. 낮고 무거운 목소리가 들려왔어요.

"반드시 설명서를 읽은 자만이 미로에 들어갈 수 있다."

그 목소리는 다온이와 한결이가 미로의 책에 들어갈 때 들렸던 목소리가 분명했어요.

"뭐야! 우린 설명서를 모두 읽었다고! 이제 어떡하라는 거야!"

다온이가 화가 나서 소리쳤지만 더 이상 낮고 무거운 목소리는 대답하지 않았어요.

"뭐가 문제지? 설명서를 다 읽었잖아. 뭘 놓친 걸까?"

다온이가 뒷짐을 진 채, 신경질적으로 왔다 갔다 움직였어요. 그 모습에 한결이는 더욱 집중할 수가 없었어요.

"제발 멈춰!"

한결이가 고함을 빽 질렀어요. 그제야 다온이가 한결이를 바라보았어요.

"다시 한번 설명서를 보자. 찬찬히 읽어 보면 뭘 놓쳤는지 알 수 있을 거야."

"우리가 놓친 게 뭘까? 아무리 봐도 난 모르겠어."

다온이가 툴툴거리며 설명서 두루마리를 한결이에게 펼쳐 보였어요. 한결이는 눈을 부릅뜨고 다시 설명서를 읽었어요.

"찾았다! 찾았어! 왜 이 말을 놓쳤지?"

한결이의 눈이 반짝 빛났어요.

"뭐? 뭘 놓쳤는데?"

다온이가 재촉하자 한결이는 설명서에서 찾은 구절을 큰 소리로 읽었어요.

"당신이 미로의 책에서 벗어나고 싶다면, 반드시 이 설명서를 태양 앞에서 읽어야 한다!"

"뭐야? 그게 왜?"

다온이가 고개를 갸웃거렸어요. 한결이가 빙긋 웃으며 말했어요.

"태양 앞에서! 우리가 놓친 게 바로 그거라고!"

그제야 한결이의 말을 알아들은 다온이는 눈을 번쩍 떴어요.

"정말이네! 이걸 왜 놓쳤지? '태양 앞에서'를 찾다니, 한결이 너 대단한데!"

다온이가 기뻐서 한 바퀴 공중제비를 돌았어요. 하지만 한결이는 고개를 저었어요.

"놓친 걸 찾으면 뭐 해! 여긴 태양이 없는걸."

한결이가 시무룩해져서 말했어요. 그러자 다온이가 씩 웃으며 한결이의 어깨를 토닥였어요.

다온이는 만들어 낸 빛을 사라지게 한 뒤 한결이 옆에 섰어요.

"이건 설명서 내용을 한 문장으로 만들라는 말 같아."

"이 긴 내용을 한 문장으로? 그걸 어떻게 해?"

한결이가 고개를 갸우뚱했어요.

"전체 내용 중 가장 중요한 내용을 뽑아 하나의 문장으로 만들어 보라는 말이야."

한결이는 머리를 긁적였어요.

"중요한 내용? 그게 뭔데?"

"이제부터 그걸 찾아봐야지. 일단 네가 읽은 설명서에서 중요하다고 생각하는 부분에 밑줄을 쳐 보는 거야."

한결이는 다시 설명서를 살펴보며 중요하다고 생각되는 곳에 밑줄을 그어 보았어요.

"음, 내가 중요하다고 생각한 건 이 문장들이야. 어때?"

다온이가 고른 문장들을 보고 고개를 끄덕였어요.

"잘 고른 거 같은데? 그럼 이 문장들을 모두 담아 한 문장으로 만들어 보자."

미로의 책에는 모두 네 개의 미로가 있다. 미로는 각각 열쇠 미로, 이야기 미로, 상상 미로, 거꾸로 미로라고 불린다. 이 네 개의 미로에서 모두 탈출하지 못하면 책에서 벗어날 수 없다. 미로를 탈출할 때 얻을 수 있는 네 가지 보석을 모두 모아야만 책에서 나오는 길이 열리기 때문이다.

:
:

먼저 모든 미로 앞에 적혀 있는 시를 잘 읽어야 한다. 그런데 이 시는 수수께끼로 되어 있다. 그러므로 먼저 수수께끼 시를 잘 읽고 기억해야 한다. 만약 시를 무시하고 미로로 들어가게 된다면, 결코 미로에서 나오지 못할 것이다.

다온이의 말에 한결이는 다시 고민을 했어요. 그리고 중요한 문장에서 꼭 들어가야 할 부분들이 무엇인지 다시 살펴보았어요. 한참의 시간이 지난 후 한결이가 한 자 한 자 힘주어 문장을 말했어요.

"미로 앞에 적힌 시를 잘 기억한 후 미로를 탈출하며 얻은 네 개의 보석을 모아야 이 책에서 나올 수 있다!"

한결이가 말을 마치자마자 커다란 소리가 나면서 땅 밑에서 무엇인가가 솟아오르기 시작했어요. 한결이와 다온이는 깜짝 놀라 서로를 껴안았어요.

"저, 저게 뭐야?"

땅 밑에서 솟아오른 것은 커다란 열쇠가 그려진 책이었어요.

"이게 열쇠 미로의 입구야."

다온이가 말했어요.

'스윽! 차라락!'

커다란 책의 첫째 장이 열렸어요. 그러자 책 안에 빛나는 문이 생겼어요. 다온이와 한결이는 놀란 눈으로 서로를 바라보았어요.

중심 내용은 어떻게 찾을까?

문단의 중심 문장을 찾으면 중심 내용을 쉽게 알 수 있다.

① 문단이란?

문단은 한 개 이상의 문장으로 글쓴이가 생각이나 주장에 따라 구분해 놓은 글의 덩어리다. 글의 내용이 새로워지면 들여쓰기로 새 문단임을 나타낸다.

② 앞뒤 문장 살펴보기

문단은 중심 문장과 뒷받침 문장으로 이루어진다. 문단의 앞뒤 문장을 살펴보면 어떤 문장이 중심 문장인지 찾을 수 있다.

③ 이어 주는 말의 의미 제대로 알기

이어 주는 말은 반대(그러나, 그런데, 하지만), 반복 추가(그리고, 또, 또는), 원인 결과(그러므로, 그래서) 등으로 문장과 문장을 연결해 준다.

3. 열쇠 미로
: 중심 문장 찾기

"자, 그럼 미로로 들어가 볼까!"

다온이가 앞장서서 들어가려는 것을 한결이가 말렸어요.

"잊었어? 모든 미로 앞에는 시가 적혀 있다고 했잖아."

한결이의 말에 다온이가 걸음을 딱 멈추었어요.

"맞다! 수수께끼 시!"

다온이가 놀란 눈으로 한결이를 바라보았어요. 한결이는 커다란 책의 첫 번째 장을 가리켰어요. 그곳에는 다음과 같은 시가 쓰여 있었어요.

모든 글에는 열쇠가 있지.
그건 문자로 만들어졌어.
열쇠를 찾아!
한눈에 볼 수 있게 하는
열쇠를!
숨은 열쇠를 찾으면
문은 언제나 열리지.

"열쇠를 찾으라고? 그게 무슨 말이야?"

한결이가 고개를 갸웃거렸어요.

"글쎄. 분명한 건 여기서 말한 열쇠가 진짜 열쇠를 말하는 건 아니라는 점이야."

다온이가 팔짱을 끼며 말했어요.

"진짜 열쇠가 아니라고? 그럼 그게 뭐야? 보이지도 않는 열쇠를 어떻게 찾아?"

한결이가 고개를 또 갸웃했어요.

"아, 그럼 열쇠는 중심 문장이겠구나! 그건 어떻게 찾을 수 있어?"

한결이가 호기심 가득한 얼굴로 물었어요.

"보통 중심 문장은 문단 앞부분에 있어. 하지만 글에 따라 맨 뒤에 오거나 중간에 올 때도 있지. 중심 문장을 찾으면 문단에서 말하려는 게 무엇인지 쉽게 알 수 있어. 그래서 중심 문장은 글을 이해하는 열쇠라고도 하지."

다온이의 설명을 듣고 한결이는 생각에 잠겼어요.

"그러니까 이 미로 속에서 우린 글 속에 있는 중심 문장을 찾아내기만 하면 되는 거네!"

"맞았어. 그럼 이제 미로로 들어가 볼까?"

다온이의 말에 한결이는 힘차게 고개를 끄덕였어요. 그리고 다온이와 한결이는 기운차게 열쇠 미로 안으로 첫발을 내디뎠어요.

미로 안은 푸른빛이 나는 책들로 이루어진 커다란 길들이 죽 이어져 있었어요. 한결이와 다온이는 조심스럽게 길을 걸어갔어요. 얼마 지나지 않아, 길을 막는 커다란 자물쇠가 보였어요.

"드디어 첫 번째 열쇠가 필요하겠어!"

다온이가 자물쇠를 가리키며 말했어요.

"중심 문장이 열쇠라고 했지? 보통 문단에 첫 문장이 중심 문장인 경우가 많고!"

한결이는 다온이의 말을 다시 되뇌었어요.

"맞아, 정확히 중심 문장을 찾으려면 문단의 내용이 무엇인지 생각해 봐야 해. 그리고 문단의 내용 전체를 대표할 수 있는 문장이 무엇인지 찾아보는 거야."

"알겠어. 그런데 여긴 자물쇠 말고 아무것도 안 보여."

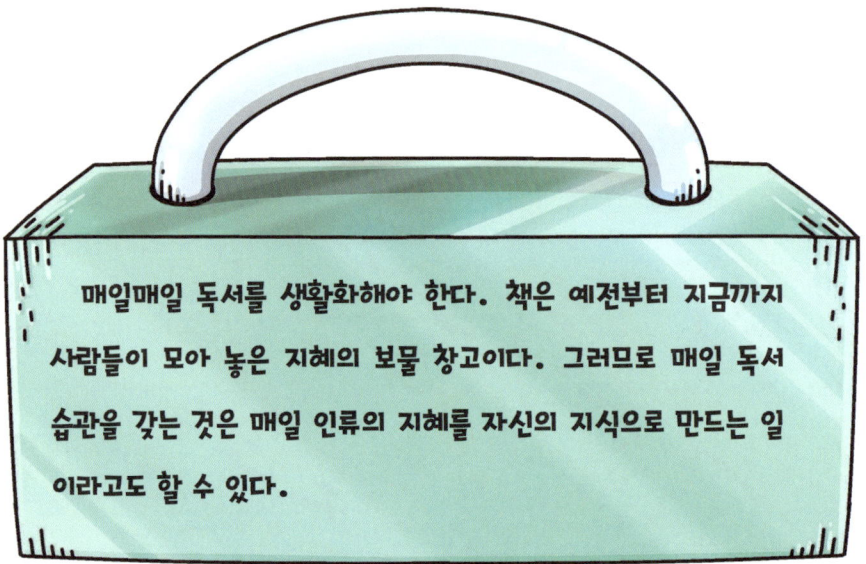

매일매일 독서를 생활화해야 한다. 책은 예전부터 지금까지 사람들이 모아 놓은 지혜의 보물 창고이다. 그러므로 매일 독서 습관을 갖는 것은 매일 인류의 지혜를 자신의 지식으로 만드는 일이라고도 할 수 있다.

한결이가 의아해하며 커다란 자물쇠에 손을 가져다 댔어요. 그러자 자물쇠 표면에 글자들이 나타나기 시작했어요.

"글이 나타났어! 한결아, 어서 중심 문장을 찾아봐."

다온이의 말에 한결이는 자물쇠 표면에 나타난 글을 꼼꼼히 읽었어요.

"아, 알겠다. 문단 첫 문장이야. '매일매일 독서를 생활화해야 한다'야. 맞지?"

'철컥!'

한결이가 중심 문장을 말하자마자 큰 소리를 내며 커다란 자물쇠가 열렸어요. 그러자 곧바로 새로운 통로가 눈앞에 나타났어요. 한결이는 신이 나서 새로 열린 통로로 달려갔어요.

"와! 길이 열렸어. 열쇠 미로는 금방 통과하겠는걸."

"정말 그렇게 쉬울까?"

다온이는 의심스럽다는 듯 고개를 갸웃거렸어요.

"와, 여기 두 번째 자물쇠가 있어!"

한결이가 신이 나서 자물쇠에 손을 대었어요. 처음과 마찬가지로 글씨가 나타났어요.

최초의 책은 점토판에 글자를 새겼다. 또한, 고대 이집트에서는 파피루스라는 식물로 책을 만들었고, 서양에서는 양의 가죽으로 책을 만들었다. 지금도 쓰고 있는 종이책은 중국의 채륜이 종이를 발명한 이후부터 사용되었다. 오늘날에는 컴퓨터나 전자 단말기 등을 이용한 전자책도 만들어지고 있다. 이처럼 사람들은 오랜 시간 동안 다양한 형태로 책을 발전시켰고, 책을 통해 지식을 저장해 왔다.

"뭐 이것도 쉽네. 첫 문장 '최초의 책은 점토판에 글자를 새겼다.'가 중심 문장이야!"

한결이가 신이 나서 소리쳤어요. 그런데 이번엔 자물쇠가 열리지 않았어요. 대신 어디선가 수십 권의 책들이 날아와 한결이에게 달려들었어요. 한결이는 겁에 질려 납작 엎드렸어요.

 달려드는 책들이 사라지자 한결이는 조심스레 몸을 일으키고는 글을 읽어 보았어요.

 "문단의 내용이 무엇인지 생각하며 읽으면, 중심 문장을 쉽게 찾을 수 있어."

 옆에서 다온이가 도움을 주었어요.

 "흠, 이 문단은 최초의 책, 이집트와 서양에서 사용한 책 그리고 종이책과 전자책 등 책의 변화를 말하고 있어. 그렇다면, 이 문단의 중심 문장은 '사람들은 오랜 시간 동안 다양한 형태로 책을 발전시켰고, 책을 통해 지식을 저장해 왔다.'야!"

한결이가 조금 전보다는 좀 작아진 목소리로 외쳤어요. 그때였어요.

'철컥!'

큰 소리를 내며 두 번째 자물쇠가 열렸어요.

"잘했어. 중심 문장이 반드시 앞에 있는 건 아니니까 어떤 내용인지 생각하면서 글을 읽어야 해. 그러면 중심 문장을 잘 찾을 수 있을 거야. 이렇게 문단의 중심 문장을 찾으면 글 전체 내용도 쉽게 이해된다는 걸 잊지 마!"

다온이의 말에 한결이는 고개를 끄덕였어요. 이후부터 문단의 내용이 어떤 내용인지 생각하면서 글을 읽어 나가자 중심 문장을 찾는 것이 쉬워졌어요. 한결이는 미로의 다른 자물쇠들을 열면서 신나게 앞으로 나아갔어요.

"어? 이번 자물쇠는 책처럼 생겼어."

미로를 막고 있는 자물쇠를 잘 열어 가던 한결이와 다온이는 특이하게 생긴 자물쇠 앞에 멈춰 섰어요. 자물쇠 대신 커다란 책이 미로의 통로를 막고 있었고, 책 가운데에 열쇠 구멍이 있었어요.

"이번엔 중심 문장이 아닌가? 자물쇠 모양이 다르네."

다온이의 말에 한결이가 책 모양 자물쇠에 손을 댔어요. 그러자 마치 인쇄가 되듯 글씨가 떠오르기 시작했어요.

어느 날, 토끼와 거북이가 달리기 경주를 하게 되었어요. 경주가 시작되자 당연히 빠른 토끼가 앞서 나갔어요. 뒤따라오던 거북이가 보이지도 않자 토끼는 자신이 이겼다고 확신했어요.

"한숨 자도 되겠는걸."

토끼는 나무 그늘에 누워 낮잠을 자기 시작했어요. 토끼가 쿨쿨 잠에 빠져 있는 동안에도 거북이는 엉금엉금 걷기를 멈추지 않았어요. 거북이가 잠든 토끼 옆을 지날 때에도 토끼는 잠에서 깨지 않았어요. 결국 거북이가 경주에서 우승하게 되었지요.

"토끼와 거북이! 이건 나도 아는 이야기인데? 그런데 이 글의 중심 문장은 뭐지? 음……. 거북이가 경주에서 우승하게 되었다?"

한결이가 말하는 순간, 사방에서 수십 마리의 토끼들이 나타났어요. 그리고 토끼들은 깡충깡충 뛰면서 한결이를 쫓아다녔어요.

"으악!"

한결이는 토끼들이 사라질 때까지 토끼들의 공격을 피하느라 정신이 없었어요.

"그럼 중심 문장이 처음 문장인가……."

한결이가 무언가를 말하려고 하자 다온이가 서둘러 한결이의 입을 막았어요.

"잠깐, 한결아! 이 글은 이야기잖아. 이야기에서는 중심 문장을 찾으면 안 돼."

다온이의 말에 한결이의 눈이 휘둥그레졌어요.

"왜 그래? 중심 문장이 열쇠가 아니야?"

"이야기나 동화는 다른 글처럼 중심 생각이 글 내용 속에 바로 드러나지 않고 숨어 있어. 그래서 이야기나 동화를 읽을 땐 글 쓴 사람이 표현하고자 하는 '중심 생각'을 찾아야 해. 이걸 '주제'라고 하지."

다온이의 말에 한결이는 고개를 끄덕였어요.

"그렇구나! 그럼 주제는 어떻게 찾아야 해?"

"그건 글 전체를 읽고 글쓴이가 무엇을 말하고 싶은지 생각해 봐야 해."

다온이의 말에 한결이는 다시 글을 읽었어요.

"음, 토끼는 이길 거라 생각하고 낮잠을 잤지만, 거북이는 쉬지 않고 성실하게 경주에 참여해서 이긴 거잖아. 이 이야기는 토끼처럼 살지 말고 거북이처럼 살라고 말하는 게 아닐까? 그럼 이 이야기의 중심 생각은 '포기하지 말고 성실하게 노력하자!'가 아닐까?"

한결이는 다시 수십 마리의 토끼들이 달려들까 봐 눈치를 보며 말했어요.

'찰칵!'

다시 큰 소리를 내며 자물쇠가 열렸어요.

"어? 이번에도 책 모양 자물쇠야. 그런데 조금 다르게 생겼는걸? 자물쇠 한가운데에 파란색 보석이 박혀 있어!"

한결이의 말에 다온이가 자물쇠를 살펴보더니 펄쩍펄쩍 뛰었어요.

"와! 드디어 열쇠 미로의 마지막에 온 거야. 이 자물쇠만 열면 파란 보석을 얻고 열쇠 미로를 탈출하는 거라고!"

"정말? 빨리 열쇠를 찾자. 이제 미로라면 지긋지긋해."

한결이가 재빨리 자물쇠에 손을 대었어요.

"뭐야? 이건 시잖아. 설마 시를 읽고 중심 생각을 찾아야 하는 거야?"

한결이가 잔뜩 인상을 쓰며 다온이를 바라보았어요. 다온이가 고개를 끄덕였어요.

"네 말대로야. 우리가 찾을 마지막 열쇠는 시에 담긴 중심 생각을 찾는 거야."

다온이의 대답에 한결이는 머리를 움켜쥐었어요.

"어떡해! 난 시가 어려워도 너무 어렵다고. 내가 국어 시간에 얼마나 창피를 당했는지, 너도 잘 알잖아."

"너무 걱정은 마. 시는 짧은 글에 함축적인 내용을 담고 있어서 어렵다고 느껴지지만, 소리 내서 읽다 보면 중심 생각이 보일 거야. 자, 다시 찬찬히 읽어 보자."

다온이의 격려에 한결이는 다시 시를 읽어 봤어요.

"음, 조회 수 일 회에 구독자 한 명인 거면 재미없는 채널이라는 거잖아. 그런데 할머니는 왜 가장 재밌다고 하셨지? 게다가 영상 내용이 게임 영상이라는데……. 할머니가 게임을 엄청나게 잘하시나? 이 시의 중심 생각은 '할머니의 거짓말'?"

'끼익!'

한결이의 말이 끝나자마자 자물쇠 가운데 있던 보석에 금이 갔어요. 한결이는 깜짝 놀랐어요.

"그만! 잘못 말하다간 보석이 부서져 버릴지도 몰라."

다온이의 말에 한결이가 서둘러 입을 틀어막았어요.

"시를 읽을 땐 직접적으로 드러나진 않지만, 표현하고 싶은 마음이 있다는 걸 잊으면 안 돼. 한결아 넌 이 시가 정말 할머니의 거짓말을 이야기하는 것 같아?"

한결이는 다온이의 물음에 다시 한번 시를 보았어요.

"구독자 수, 조회 수가 단 하나라면 할머니가 구독자란 이야기 아냐? 그런데 할머니가 왜 재미없는 게임 영상이 재밌다고 할까? 아! 알겠어. 손자가 만든 채널의 영상이니까. 맞지?"

한결이의 눈이 반짝 빛났어요. 다온이가 고개를 끄덕였어요.

"그럼 이 시는 거짓말하는 할머니나 조회 수가 적은 인터넷 영상에 관한 게 아니었구나. 이 시에는 '손자를 생각하는 할머니의 마음'이 담겨 있어!"

한결이가 말을 마치자마자 '철컥!' 하고 자물쇠가 열리더니, 박혀 있던 푸른빛이 도는 보석이 자물쇠에서 떨어져 나와 공중에서 빙글빙글 돌기 시작했어요. 그러자 아름다운 푸른빛이 미로 전체를 비추었어요.

"첫 번째 미로를 탈출했구나. 축하한다!"

전에 들었던 무겁고 낮은 목소리가 다시 들려왔어요. 그리고 공중에서 빙글빙글 돌던 보석이 한결이 손에 사뿐히 내려앉았어요.

"와, 성공이야!"

한결이와 다온이가 신이 나서 손을 잡고 빙글빙글 돌며 외쳤어요. 그때였어요. 마치 지진이 일어난 것처럼 땅이 흔들리면서 땅속에서 거대한 책이 우뚝 솟아올랐어요.

그 책에는 여러 가지 동화와 이야기 속 인물들이 검은 실루엣으로 그려져 있었어요.

"이야기 미로야!"

다온이가 책을 보며 한결이에게 속삭였어요. 그러자 책이 천천히 펼쳐지며 새로운 미로가 열렸어요.

중심 문장은 어떻게 찾을까?

① 중심 문장이란?

　글쓴이의 주장이나 생각이 드러난 핵심 문장을 말한다. 보통 문단의 처음에 위치해 있는 경우가 많다.

② 숨어 있는 '중심 문장'을 찾기

　문단의 중심 내용을 먼저 찾고 이 중심 내용을 가장 잘 나타낸 문장을 찾아야 한다.

③ 이야기 속 '주제' 찾기

　이야기의 중심 생각인 주제는 직접 문장으로 드러나지 않는다. 이야기 전체를 읽고 글쓴이가 말하고자 하는 것이 무엇인지 유추해야 한다.

④ 시에서 '중심 생각' 찾기

　시 속에서 표현한 방법, 강조된 부분 등을 살펴서 글쓴이가 표현하고자 한 마음이 무엇인지 찾아야 한다.

4. 이야기 미로
: 속담, 고사성어, 관용어 이해하기

 "자, 이제 두 번째 미로야! 두 번째 미로는 이야기 미로니까 처음보다 재미있지 않을까?"

 다온이가 새로 열린 책을 보며 말했어요. 하지만 한결이는 머리를 긁적였어요.

 "이야기 미로라니 난 감도 안 와. 이 미로는 어떻게 통과하는 걸까?"

 "일단 책에 써 있는 수수께끼 시부터 읽어 보자! 설명서 내용을 잊은 건 아니지?"

기억하는 것
외우는 것보다
중요한 건
이야기야.

속담이 방향을 알려 주고
고사성어가 진실을 가리며
관용어가 문을 열 것이다.

"뭐야, 이건 또 무슨 말이야? 기억하는 것보다 이야기가 중요하다?"

한결이가 한숨을 쉬며 말했어요. 다온이도 고개를 갸우뚱했어요.

"글쎄, 이건 나도 잘 모르겠다. 미로에 들어가서 출구를 찾다 보면 뭔가 알 수 있지 않을까?"

"그런데 속담, 고사성어, 관용어는 도대체 뭐야?"

"속담은 옛날 사람들이 사용하던 격언으로 교훈적인 내용이나 비판하는 내용을 짧은 말로 표현한 거야. 너도 들어 봤을걸. '등잔 밑이 어둡다' 같은 말이지."

"알아. 지난번에 선생님께서 속담 퀴즈를 내셨어."

한결이가 눈을 크게 뜨며 말했어요.

"오! 그래? 그럼 이번 미로는 쉽게 통과하겠는걸?"

다온이의 말에 한결이는 고개를 저었어요.

"아니, 우리 모둠은 내가 하나도 못 맞혀서 꼴찌 했어."

"아이고, 정말 산 넘어 산이구나! 어! 이 말도 속담이야."

"근데 이런 속담은 몇 개나 돼? 한 백 개?"

"아니, 적어도 수천 개는 될걸?"

다온이의 말에 한결이는 눈이 커졌어요. 다온이는 서둘러 말을 이었어요.

"고사성어는 옛이야기에서 유래한 말이야. 보통 중국에서 일어난 일들이 많아. 아주 먼 옛날 우리나라가 한자를 빌려 쓴 건 너도 알고 있지? 그때 사용했던 고사성어가 지금까지 이어져 내려온 거야. 당연히 모두 한자로 되어 있지."

한결이는 다온이의 말에 눈이 더 커졌어요.

"난 한자 모르는데? 어떡해? 이 미로에서 어떻게 빠져나가?"

한결이가 이내 울상이 되었어요.

"그, 그게 한자를 알면 도움이 되겠지만, 한자를 다 알 필요는 없어."

한결이는 다온이의 설명에 못 미더운 표정으로 고개를 천천히 끄덕였어요.

"그럼 관용어는 뭐야? 고사성어보다 더 어려워?"

"아니야. 관용어는 훨씬 쉬워. 관용어는 우리가 습관적으로 자주 사용하는 말이거든. 두 개 이상의 단어가 만나서 원래 뜻과 다른 의미로 사용되지. 예를 들어, '발이 넓다' 같은 말이야. 한결아, '발이 넓다'라는 관용어가 무슨 뜻인지 알고 있어?"

한결이가 고개를 갸우뚱하더니 자신 없는 목소리로 말했어요.

"우리 삼촌처럼 발이 매우 큰 사람이 아닐까?"

한결이의 대답에 다온이가 고개를 저었어요.

"'발이 넓다'라는 건 '주변에 알고 지내는 사람이 많다'라는 의미야."

한결이는 다온이의 대답에 깜짝 놀랐어요.

"말도 안 돼! 날 놀리려는 거지?"

다온이가 한숨을 쉬었어요.

"정말 이번 미로는 통과하기 힘들겠다. 그래도 걱정 마! 책 도깨비 다온 님이 있으니까 말이야. 자, 그럼 두 번째 미로로 들어가 볼까!"

"알았어. 난 다온이 너만 믿고 따라간다. 알겠지?"

한결이는 재차 다온이에게 확인한 뒤에야 조심스럽게 미로의 문으로 들어갔어요.

이야기 미로의 입구로 들어가니 책들로 둘러싸여 있는 길이 펼쳐져 있었어요. 책들 사이사이에는 정원처럼 아름다운 나무들이 있었어요. 그리고 그 나무들은 마치 이야기 속에 등장하는 사람들처럼 예쁘게 꾸며져 있었지요.

"와, 마치 멋진 정원에 들어온 것 같아. 저 나무 좀 봐. 꼭 진짜 사람 같아!"

한결이가 감탄하며 주변을 살펴보았어요.

다온이와 한결이가 길을 따라서 더 가자 눈앞에 갈림길이 나타났어요. 갈림길 중간에는 두 개의 화살표가 그려진 표지판이 세워져 있었지요.

"두 길 중에 어느 쪽으로 가야 하지?"

한결이가 고개를 갸웃거렸어요.

"표지판을 살펴보면 알 수 있지 않을까?"

다온이의 말에 한결이는 표지판에 손을 갖다 대었어요. 그러자 표지판에 글씨가 나타났어요.

"이게 뭐지?"

"속담이야. 두 속담 중 맞는 속담을 고르라는 것 같아."

다온이의 설명을 듣고 한결이는 다시 표지판을 보았어요. 하지만 어떤 것이 맞는 속담인지 고를 수가 없었어요.

"잘 모르겠어. 그냥 찍을까?"

한결이가 다온이의 눈치를 살피며 말했어요. 다온이는 강하게 고개를 가로저었어요.

"미로 주변에 나무들을 봐도 모르겠어? 그게 진짜 나무일까?"

"그, 그럼……?"

"여기서 속담을 제대로 찾지 못하면, 우리도 저 나무처럼 변할 수 있다는 말이야."

다온이의 말에 한결이가 깜짝 놀라며 나무들을 다시 살펴보았어요.

"으악! 정말이네! 그럼 정답을 꼭 맞혀야 하잖아. 다온아! 어떤 속담이 맞는 거야? 제발 답을 알려 줘. 난 여기서 나무로 변하고 싶진 않단 말이야."

한결이가 울상이 되어서 말했어요.

"내가 알려 주는 건 안 된다고 했잖아. 선택은 한결이 네가 해야 해."

"후유! 나도 얼마나 긴장했는지 몰라. '사공이 많으면 배가 산으로 간다'는 여러 사람이 자기 주장만 하면 일을 이루기가 어렵다는 뜻이야."

"좋았어. 이젠 다른 속담들도 모두 맞힐 자신 있어."

한결이는 신나서 다음 갈림길까지 달려갔어요. 거기에도 커다란 표지판이 있었어요.

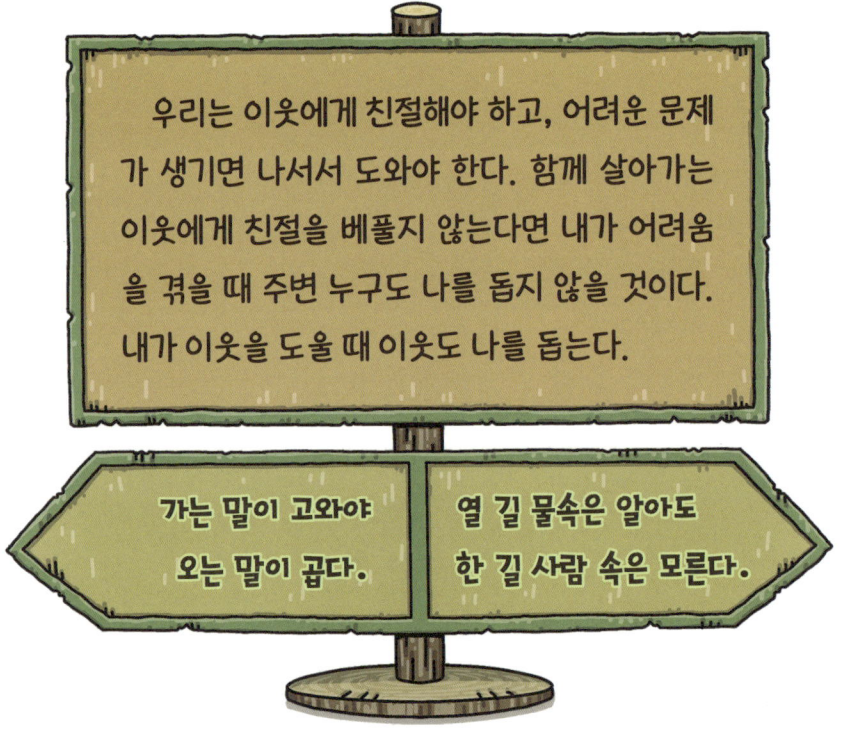

우리는 이웃에게 친절해야 하고, 어려운 문제가 생기면 나서서 도와야 한다. 함께 살아가는 이웃에게 친절을 베풀지 않는다면 내가 어려움을 겪을 때 주변 누구도 나를 돕지 않을 것이다. 내가 이웃을 도울 때 이웃도 나를 돕는다.

가는 말이 고와야 오는 말이 곱다.

열 길 물속은 알아도 한 길 사람 속은 모른다.

"앗, 이번에는 긴 글이 적혀 있어. 이 글과 속담이 관계가 있는 걸까?"

한결이가 유심히 표지판을 보며 말했어요.

"글을 먼저 잘 읽고 내용에 대해서 알아보면 될 것 같은데? 속담을 사용하면 길게 설명하거나 주장할 내용을 간결하게 표현할 수 있어. 남을 도와라, 친절해라, 이렇게 말하지 않아도 간단한 속담을 이용해 비슷한 상황을 빗대어 말하는 것이니까 말이야. 그래서 속담이 말하는 상황을 잘 파악하면 글의 내용도 잘 알 수 있게 되는 거야."

한결이는 다시 두 속담을 살펴보았어요.

"음, 글을 읽어 보니, 이웃을 친절하게 대해야 이웃도 나에게 친절을 베푼다는 내용이야. 두 속담을 보면, '가는 말이 고와야 오는 말이 곱다'는 서로 말을 잘하라는 건가? 이웃을 도우라는 뜻은 아닌 것 같은데……. '열 길 물속은 알아도 한 길 사람 속은 모른다'는 물속보다 사람 속을 알기 어렵다, 왜 어렵지? 그런데 이 속담이 누굴 돕는 일과 상관이 있나?"

한결이는 곰곰이 생각에 잠겼어요.

"다온이의 말대로라면 저 글과 관련된 속담은 '가는 말이 고와야 오는 말이 곱다'야. 고운 말을 하면 돌아오는 말이 고와진다니까, 내가 도우면 이웃도 돕는다는 내용과 상황이 비슷하잖아. 좋아! 그럼 왼쪽 길로!"

다온이와 한결이가 왼쪽 길로 들어서자 이번엔 사방으로 뻗어난 나무 덩굴이 오른쪽 길을 둘러쌌어요.

"와! 또 성공이야!"

"잘했어. '가는 말이 고와야 오는 말이 곱다'라는 속담은 '남에게 말이나 행동을 좋게 해야 자기에게도 좋은 반응이 온다'라는 뜻이야. 그리고 '열 길 물속은 알아도 한 길 사람 속은 모른다'는 '사람의 속마음은 알기가 어렵다'라는 뜻이지."

다온이가 속담에 관해 설명해 주자 한결이는 고개를 끄덕였어요.

"휴! 이 책에서 탈출하면 바로 속담 공부부터 해야겠어. 단지 외우는 게 아니라 속담이 말하는 상황을 생각해 보면서 말이야."

한결이의 말에 다온이는 미소를 지었어요.

"이 녀석 가만두지 않겠다!"

"나야말로! 너 같은 놈은 살려 두지 않을 거야!"

누군가 싸우는 소리와 칼싸움 소리가 들려왔어요. 곧이어 한결이의 눈앞에 칼을 든 두 사람이 싸우는 모습이 보였어요. 두 사람은 모두 멋들어진 갑옷을 입고 있었지요.

"저, 저기 저희가 여길 좀 지나가도 될까……."

한결이가 조심스럽게 이야기했지만, 두 사람은 싸움에 정신이 팔려 한결이의 말은 들리지도 않았어요.

"어떡하지?"

한결이가 다온이를 바라보았어요.

"별수 없지. 깨비! 깨비! 책 깨비!"

다온이가 주문을 외자 다온이의 얼굴이 점점 커졌어요. 다온이는 커다란 입을 벌려 세상이 떠나가도록 소리를 질렀어요.

"모두 조용!"

그제야 두 사람은 싸움을 멈추고 다온이와 한결이를 바라보았어요.

"두 분은 도대체 왜 싸우시는 거예요?"

한결이의 물음에 오른쪽 사람이 말했어요.

"우리는 이 갈림길을 지키는 수호자들이란다. 아침에 저 왼쪽 녀석이 말 같지 않은 말을 해서 그 바람에······."

"그건 오른쪽 네 녀석의 말이지! 그걸 말이라고 해?"

다시 싸우려는 수호자들을 한결이가 간신히 말렸어요.

"너희가 우리 중 누가 옳은지 판단해 주렴."

오른쪽 수호자가 말했어요. 왼쪽 수호자도 고개를 끄덕이며 한결이를 바라보았어요.

"아, 알았어요. 그럼 무슨 일인지 먼저 알려 주세요."

왼쪽 수호자가 입을 열었어요.

"어제 아침에 우리는 길을 청소하고 있었어. 그런데 저 녀석이 갑자기 길에 꽃을 심어서 장식하자는 거야. 그래서 난 청소만 하면 되지 꽃을 심는 것은 과하다고 했지."

"그럼 '꽃을 심냐? 아니냐?'로 싸운 거예요?"

다온이가 물었어요. 그러자 이번엔 오른쪽 수호자가 말했어요.

"아니, 저 왼쪽 녀석이 청소하고 꽃까지 심는 건 '사족'이라고 말하잖아. 그래서 내가 그랬지. 그럴 땐 사족이 아니라 '모순'이라고 해야 한다고 말이야. 그랬더니 죽어도 자신이 맞다는 거야. 너희들은 어떤 말이 맞다고 생각해?"

두 수호자는 이렇게 말하고는 커다란 칼을 든 채, 다온이와 한결이를 바라보았어요.

"사족? 모순? 그게 무슨 말이야?"

한결이가 다온이에게 속삭였어요.

"둘 다 고사성어야."

"고사성어? 난 한자어는…… 몰라……."

다온이의 대답에 한결이가 고개를 저었어요.

"내가 한자는 알려 줄게. 사족(蛇足)은 한자로 뱀 사(蛇)와 발 족(足)을 써. 그러니까 '뱀의 발'이라는 거지. 그리고 모순(矛盾)은 창 모(矛)에 방패 순(盾)을 쓰고 '창과 방패'란 뜻이야."

"뱀의 발? 창과 방패? 그게 도대체 무슨 말이야. 한자를 알아도 두 고사성어가 무슨 뜻인지 짐작도 못 하겠어. 그냥 둘 중에 더 착해 보이는 아저씨의 말이 옳다고 하면 안 될까?"

한결이의 물음에 다온이가 고개를 저었어요.

"저 수호자들이 들고 있는 칼이 안 보여? 네가 잘못 선택하면 그 칼로……."

"으~, 알았어. 그럼 고사성어가 어떤 의미인지는 어떻게 알 수 있는 거야?"

한결이가 애원하듯 말하자 다온이는 설명을 이어 갔어요.

"고사성어는 한자의 뜻을 알아도 그 의미를 알지 못하는 경우가 많아. 왜냐하면 고사성어는 옛이야기나 사건에서 온 말이기 때문이야. 그래서 고사성어의 뜻을 무조건 달달 외우기보다 그 속에 숨어 있는 이야기나 역사적 사건을 함께 기억하면 뜻을 이해하는 데 도움이 돼."

"아, 알았어. 그럼 두 고사성어에도 이야기가 있겠네?"

"당연하지. 먼저 '모순'에 어떤 이야기가 숨어 있는지 알아볼까? 깨비 깨비 책 깨비!"

다온이가 주문을 외자 한결이 머리 위로 이야기가 그림책처럼 펼쳐졌어요.

"하하! 상인이 물건을 팔려고 앞뒤가 안 맞는 말을 했네! 재밌어. 할머니가 들려 주던 옛날이야기 같아."
한결이가 웃었어요.
"지금 재밌다고 넋 놓고 있으면 안 돼. 그럼 이번엔 '사족'에 숨어 있는 이야기야. 깨비 깨비 책 깨비!"

"자, 그럼 누구 말이 맞는지 판단해 보자."

다온이의 말에 한결이는 이야기를 생각해 보았어요.

"음, '모순'은 상인의 앞뒤 말이 맞지 않았던 거잖아. 그런데 길을 청소하고 꽃을 심는 일은 앞뒤가 안 맞는 일이라고 하긴 어려워. 하지만 '사족'은 불필요하게 뱀의 발을 그린 거잖아. 길을 청소하고 꽃까지 심는 것은 불필요하다는 뜻이니 '사족'이란 말을 써도 될 것 같은데? 그러면 두 아저씨 중에 왼쪽! 왼쪽 아저씨가 옳아!"

한결이가 큰 소리로 외쳤어요. 그러자 수호자가 모두 칼을 높이 치켜들었어요. 겁이 난 한결이가 다온이 뒤에 쏙 숨었어요.

"겁쟁이! 길이 뚫렸어."

다온이의 말에 한결이가 고개를 내밀었어요. 다온이의 말대로 두 수호자는 모두 돌로 변해 있었어요. 그리고 갈림길은 왼쪽만 남아 있었지요.

"야호! 이번에도 성공이야!"

한결이가 소리를 질렀어요. 한결이와 다온이는 왼쪽 길을 향해 달려갔어요.

"이번 미로는 가도 가도 끝이 없는 거 같아."

한결이가 지친 목소리로 말했어요.

"그러게. 이제 갈림길에서 선택하는 것도 지쳤어."

다온이도 자리에 주저앉았어요.

"맛있는 떡볶이라도 먹으면 좋겠다. 아이고, 배고파. 어! 저건 뭐지?"

한결이가 앞을 가리켰어요. 그곳에는 무려 네 개의 갈림길이 있었어요. 그리고 그 갈림길에는 각각 눈, 귀, 입, 손이 그려져 있었어요.

"여기선 뭘 해야 하지?"

"그러게. 네 개의 길 중에 하나를 선택해야 하나? 눈, 귀, 입, 손은 다 무슨 뜻이지?"

한결이와 다온이는 갈림길 앞에서 한참 생각을 했지만 어떻게 미로를 통과할지 감이 오지 않았어요.

"두 손 두 발 다 들었어. 아무리 생각해도 모르겠어."

그런데 한결이의 말이 끝나자마자 손이 그려져 있던 갈림길이 환하게 빛이 났어요.

"뭐, 뭐야?"

한결이가 놀라 뒷걸음을 쳤어요.

"내가 손 이야기를 해서 그런가? 손! 손!"

한결이가 외쳤지만 더 이상 갈림길은 빛이 나지 않았어요. 그 모습을 보던 다온이가 뭔가 알아차렸다는 듯이 말했어요.

"이건 그냥 손을 말하는 게 아니야. 네가 쓴 관용어 때문이야."

한결이가 깜짝 놀랐어요.

"내가 관용어를 썼다고? 언제?"

"방금 '두 손 두 발 다 들었어'라고 했잖아. 이 관용어는 '자기 능력에서 벗어나 그만두다'라는 말이야. 관용어는 자주 쓰면서도 관용어인 줄 모르는 경우가 많아."

"그럼, 관용어를 말해서 미로가 반응한 거구나."

한결이가 머리를 긁적이며 말했어요.

"맞아, 어서 손에 대한 다른 관용어를 말해 봐."

"나는 관용어를 말해 본 적이 없는걸."

"방금도 네가 말했잖아. 관용어는 우리가 생활하면서 자주 흔하게 쓰는 말이야."

다온이의 말에 한결이는 손에 대한 관용어를 곰곰이 생각해 보았어요.

　"음……. 엄마가 할머니는 손이 크셔서 음식을 많이 만든다고 한 적이 있는데, '손이 크다'라는 말도 관용어지? 우리 할머니 손은 나랑 크기가 비슷하거든."

　한결이가 말을 하자마자 다시 갈림길이 빛나기 시작했어요. 그리고 그 갈림길에 그려져 있던 손 모양이 위로 떠올랐어요.

　"와, 성공이야! '손이 크다'는 '씀씀이가 넉넉하고 크다'란 의미거든. 이제 눈, 귀, 입에 대한 관용어를 말하면 모든 길이 사라질 거야! 어서 말해 봐."

　다온이가 흥분해서 소리쳤어요. 하지만 한결이는 한숨이 나왔지요.

　"자신 없는데……."

　"관용어는 자주 써 봐야 어떤 의미인지 알 수 있어. 틀려도 괜찮으니까, 한번 해 보는 거야!"

　다온이의 말에 한결이는 주변에서 들었거나 스스로 써 본 관용어를 떠올리려 노력했어요.

"'눈이 높다'도 관용어 아니야? 눈이 높이 달렸다는 게 아니라 뭔가 선택할 때 까다롭다는 뜻이잖아. 아! TV에서 '보는 눈이 있다'라고 말하던데, 이것도 관용어 같아."

한결이가 말을 마치자 눈이 그려진 갈림길이 밝게 빛나면서 사라졌어요. 그리고 갈림길에 그려져 있던 눈 모양이 위로 떠올랐어요.

"잘했어. '눈이 높다'는 '수준 높고 좋은 것만 찾는다'라는 뜻이고, '보는 눈이 있다'라는 말은 '사람이나 일을 평가하는 능력이 있다'라는 말이야."

다온이의 말에 한결이는 더욱 힘이 났어요.

"귀와 관련된 관용어라……. 아! 기억났다. '귀가 얇다!' 정말 귀가 얇은 게 아니라 '다른 사람 말을 쉽게 믿는다'란 뜻이잖아. 그리고 '귀를 열다'도 '다른 사람 말을 들을 준비를 하다'라는 의미잖아."

한결이의 말에 다온이가 엄지손가락을 올렸어요. 귀가 그려진 갈림길은 밝은 빛을 내며 사라졌어요. 그려져 있던 귀 모양도 위로 떠올랐지요.

"와! 이제 입만 찾으면 돼. 아! 생각났어. '입에 침이 마르다', '입의 혀 같다'. 어때, 맞지?"

한결이가 외쳤어요. 마지막으로 입이 그려져 있던 갈림길도 빛을 내며 사라졌어요. 그러자 입, 귀, 손, 눈 모양이 모두 떠올라 빙글빙글 돌더니 다시 하나로 합쳐졌어요. 합쳐진 모양들은 어느새 초록색 빛이 아름다운 보석으로 변해서 한결이 손 위에 내려앉았어요.

"두 번째 미로를 통과했구나. 축하한다!"

무겁고 낮은 목소리가 다시 들려왔어요.

"이제 어떤 미로든 문제없어."

한결이가 신이 나서 외쳤어요. 그때였어요. 하늘에서 커다란 책이 뚝 떨어져서 땅에 박혔어요.

다온이와 한결이는 깜짝 놀라 몸을 숙였어요.

하늘에서 떨어진 책은 붉은색 표지에 흰색 물음표가 어지럽게 그려져 있었어요.

"또 다른 미로야!"

한결이가 침을 꼴깍 삼켰어요.

새로운 책의 첫 장이 천천히 열렸어요.

속담, 고사성어, 관용어가 뭐야?

1 속담

속담은 옛날부터 사용하던 격언으로 교훈 또는 풍자하는 내용을 짧은 말로 표현한 것이다. 옛날 사람들의 생각과 생활 모습이 담겨 있다. 속담을 통해 일상 속 삶의 지혜를 배울 수 있다.

예) 하룻강아지 범 무서운 줄 모른다.
고래 싸움에 새우 등 터진다.
꿩 먹고 알 먹기.
낫 놓고 기역 자도 모른다.
등잔 밑이 어둡다.

② 고사성어

옛이야기에서 유래된 내용을 바탕으로 만들어진 관용어를 말한다. 주로 중국의 옛이야기를 바탕으로 만들어졌으며 한자로 되어 있다.

예) 죽마고우(竹馬故友), 조삼모사(朝三暮四)
　　고진감래(苦盡甘來), 개과천선(改過遷善)

③ 관용어

일상생활에서 사람들이 자주 쓰는, 두 개 이상의 단어가 만나 원래 뜻과는 다른 의미를 가지게 된 말을 말한다. 앞뒤 문맥과 상황을 잘 살펴서 새로운 뜻을 이해해야 한다.

예) 손이 크다, 귀가 얇다, 머리를 식히다
　　발등에 불이 떨어지다, 귀가 간지럽다

5. 상상 미로
: 비유와 상징 이해하기

"이건 무슨 미로지? 표지에 물음표가 잔뜩 그려져 있어."

한결이가 호기심 가득한 눈으로 책 주변을 이리저리 살펴보았어요.

"물음표 미로인가? 그런 미로는 없었는데……."

다온이도 잘 모르겠다는 듯이 어깨를 올렸다 내렸어요.

"수수께끼 시를 읽어 보면 알 수 있을 거야. 이번 시는 내가 읽어 볼게."

마음이 급했던 한결이가 서둘러 시를 읽기 시작했어요.

잘 모르는 것을
말하고 싶을 때
비슷한 것을 찾아봐.
눈에 보이지 않는 것도
눈에 보이게 나타낼 수 있지.
상상력으로
숨어 있는 의미를 찾으면
올바른 문을 선택할 수 있어.

"잘 모르는 것을 말하고 싶을 때 비슷한 것을 찾으라고? 그게 무슨 말이야? 다온아, 글을 쓸 때 모르는 걸 비슷한 걸로 써서 표현하는 경우도 있어?"

한결이는 수수께끼 시가 이해되지 않았지만, 다온이는 무언가 알아차린 듯했어요.

"비슷한 것을 찾는다면, 이건 '비유'를 말하는 것 같아."

"비유? 그게 뭔데?"

한결이는 '비유'라는 단어를 처음 들어봤어요.

"어떤 사물이나 상황을 비슷한 것에 빗대어 표현하는 걸 비유라고 해."

"그게 무슨 말이야?"

한결이는 여전히 이해되지 않았어요.

"한결아, 너 '원숭이 엉덩이는 빨개'라는 노래 알지?"

다온이가 물었어요.

"응, 어렸을 때 불렀던 동요 같은데. '원숭이 엉덩이는 빨개, 빨간 건 사과…….'"

한결이가 노래를 흥얼거렸어요.

"맞아, 노래 가사처럼 원숭이 엉덩이와 사과는 모두 빨갛다는 '공통점'이 있어. 만약 원숭이 엉덩이를 설명할 때 사람들이 이미 알고 있는 빨간색 사과로 예로 든다면 좀 더 쉽게 이해할 수 있을 거야. 이처럼 무언가를 설명할 때 '비슷한 특징'을 가진 것을 빗대서 설명하는 걸 '비유'라고 하는 거야."

한결이는 다온이의 설명에도 비유가 정확히 이해되진 않았어요.

"음, 뭔가 알 것 같기도 모를 것 같기도 해. 그럼 '눈에 보이지 않는 것도 눈에 보이게 나타낸다'라는 건 무슨 말이야. 그것도 비유와 같은 거야?"

"아니, 그건 상징에 대해 말하는 거 같아."

"상징? 그건 비유하고 다른 거야?"

한결이에겐 상징이란 말도 처음 들어 보는 말이었어요.

"상징은 좀 어려운 말인데, 쉽게 생각하면 이런 거야. 우리가 태극기를 보면 어떤 게 생각나지?"

다온이의 물음에 한결이는 머릿속에서 태극기를 떠올렸어요.

"음, 우리나라! 대한민국! 나라 사랑, 뭐 그런 거?"

한결이의 질문에 다온이가 고개를 끄덕였어요.

"맞아, 그게 바로 상징이야. 국기를 보면 그 나라가 떠오르잖아. 나라 사랑을 떠올리기도 하고 말이야. 이렇게 나라나 애국심같이 눈에 보이지 않는 것이 태극기처럼 눈에 보이는 것으로 대표되는 걸 '상징'이라고 해."

"휴우, 잘은 모르겠지만, 이번 미로를 통과하려면 머릿속에서 상상을 많이 해야 할 것 같아."

한결이가 자기 머리를 톡톡 두들기며 말했어요. 다온이가 맞장구를 쳤어요.

"맞아, 그래서 이번에 우리가 들어가야 할 미로가 상상 미로야. 자, 그럼 미로로 입장해 볼까?"

"그런데 이번 미로는 들어가는 문이 없는데? 전에는 책이 펼쳐진 곳에 들어가는 문이 생겼잖아."

한결이가 주변을 이리저리 찾아보며 말했어요.

"상상 미로! 벌써 잊었어? 들어가는 문도 상상해야 보인다고!"

"정말? 그럼 뭘 상상해야 하지?"

"여긴 정말 뭐가 무서운 게 나올 것 같아."

다온이가 한결이 뒤에 꼭 붙어서 말했어요.

"야, 넌 무슨 도깨비가 이렇게 겁이 많냐?"

말은 그렇게 했지만, 한결이도 겁이 나긴 마찬가지였어요. 빨간색 책들로 둘러싸인 미로는 한결이와 다온이가 걸어가는 동안에도 주변 모습이 수십 번 바뀌었어요.

"여기서 정신을 바짝 차리지 않으면 우린 미로에서 벗어나지 못할 거야."

한결이가 다온이의 손을 꼭 잡고 말했어요. 그때 다온이의 눈에 무언가가 들어왔어요.

"저기 봐. 문이 있어!"

한결이도 다온이가 가리키는 곳을 바라보았어요.

"설마 저 문을 통과해야 하는 거야? 말도 안 돼. 저길 어떻게 가."

한결이가 고개를 절레절레 흔들었어요. 그도 그럴 것이 그 문은 10층 건물보다 더 높은 허공에 떠 있었어요.

"어떡하지. 아무리 봐도 저 문을 통과해야 미로에서 나갈 수 있을 것 같은데……."

"우리가 구름도 아니고, 어떻게 저 문을 통과해?"

다온이의 말에 한결이가 톡 쏘아붙였어요. 그때였어요. 무언가가 한결이와 다온이에게 천천히 다가오는 것이 보였어요.

"저게 뭐지? 둥둥 떠서 우리에게 오고 있어."

한결이도 다온이가 가리키는 것을 바라보았어요.

"뭐야? 저건 구름 같은데……."

"설마, 한결이 네가 방금 구름을 생각했다고 구름이 나타난 거야? 이게 무슨 일이지?"

다온이가 고개를 갸웃거리며 다가오는 구름에 슬쩍 손을 가져다 대자, 순식간에 구름이 사라지며 글씨가 나타났다가 사라졌어요.

구름처럼 둥둥 떠가는 내 몸

 순간 다온이의 몸이 쑥 위로 올라가기 시작했어요. 한결이가 손을 잡고 끌어내리려고 했지만, 여전히 다온이의 몸은 공중에 떠 있었어요.
 "내 손 놓치지 마! 안 그러면 난 풍선처럼 하늘 높이 올라가 버릴 거야."
 다온이가 울상이 되었어요.
 "어쩌면 좋아. 뭘 해야 하지? 이러다 내 몸도 너처럼 떠오르겠어."
 한결이가 두 손으로 다온이를 꽉 붙잡으며 말했어요.

"바로 전에 구름에서 뭔가 글씨가 나타났잖아. 한결아, 넌 그걸 봤어?"

다온이가 물었어요.

"가만, '구름처럼 둥둥 떠가는 내 몸'이었던 것 같아."

한결이가 기억을 더듬었어요. 그러자 다온이가 뭔가 알아차린 듯 말했어요.

"아무래도 이건 비유 중에 '직유'를 말하는 것 같아."

"직유? 그게 뭔데?"

"'비유'가 어떤 사물이나 상황을 비슷한 것을 이용해서 표현하는 거라고 했잖아. 그중에 직접적으로 비유하는 걸 '직유'라고 해. 예를 들어, 사과처럼 붉은 입술, 석탄같이 까만 눈동자처럼. 직유는 '~같이, ~처럼, ○○한 ○○'라고 표현하는 거야."

다온이가 말했어요.

"그럼 '구름처럼 둥둥 떠가는 내 몸'이라는 글씨 때문에 네 몸이 떠올랐던 거야?"

"그런 거 같아. 날 다시 내려오게 하려면 직유법을 사용해야 해."

"뭘 말해야 하지? 아무것도 생각이 안 나."

한결이가 발을 동동 굴렀어요.

"그래! 몸을 땅으로 내려야 하니까 뜨는 거 말고 무거운 거! 무거운 걸 생각해 봐."

다온이의 몸이 다시 점점 위로 올라갔어요. 이제 다온이를 잡은 한결이도 조금씩 떠올랐어요.

"무거운 거라, 뭐가 있지? 무거운 거…… 제발……. 가만, 생각났다. '코끼리처럼 무거운 다온이!'"

한결이가 소리치자마자 다온이의 몸이 아래로 툭 떨어져 버렸어요. 다온이가 비명을 질렀어요.

"아이코!"

"괜찮아?"

한결이가 다온이를 일으켰어요.

"응, 난 괜찮아. 진짜 코끼리처럼 무거워졌지만 말이야."

"하하, 고생하긴 했지만, 직유법은 재밌는 표현 같아."

한결이가 웃으며 말했어요.

"맞아, '직유법'이 표현된 부분을 읽을 땐 머릿속으로 상상하면 더 재밌어."

"그렇구나! 앞으로 글을 읽을 때 '~처럼'이나 '~같이'라고 표현된 부분을 발견하면 상상해 봐야겠어. 다온아, 비유에는 직유법 말고 다른 것도 있어?"

"응, 은유법이 있어. 은유법은 '내 마음은 호수다', '우리 선생님은 호랑이다'처럼 'ㅇㅇㅇ는 ㅇㅇ이다'라고 표현해. 보통 시에서 많이 사용해."

"내 마음이 호수라니? 그게 무슨 뜻이야?"

"맑고 깊고 넓은 마음을 표현한다고 해 보자. 이걸 직유법으로 표현하면 '호수처럼 맑은 내 마음', '호수처럼 깊은 내 마음', '호수처럼 넓은 내 마음'이라고 할 거야. 그런데 은유법을 이용하면 '내 마음은 호수다'라고 표현하면 되는 거야. 그러면 내 마음이 호수처럼 맑고 깊고 넓다는 것을 한 번에 표현할 수 있지. 빗대어 표현하는 대상과 공통점이 많다면 가능한 표현이지만, 이런 표현은 직유법처럼 분명하게 표현되지 않아서 의미가 모호할 때가 많아. 그래서 시에만 주로 사용하지."

"그렇구나! 앞으로 시를 읽을 때 은유법이 나오면, 글쓴이가 표현하려는 것이 무엇인지 다시 생각해 볼게."

"그나저나 저 위 문까지는 어떻게 가지?"

다온이가 허공 위 열린 문을 보며 말했어요.

"또다시 직유법으로 표현하면 되지 않을까?"

한결이의 물음에 다온이가 고개를 저었어요.

"안 돼! 그러다가 아까처럼 구름이 되면……."

"앗, 그럼 이건 어때? 빌딩만큼 높은 계단!"

한결이가 눈을 감고 소리쳤어요. 그러자 정말로 높고 높은 계단이 허공에 열려 있는 문까지 만들어졌어요.

"와! 계단이 생겼어!"

다온이가 놀라서 소리쳤어요.

"여긴 상상만 하면 안 되는 게 없네! 자, 그럼 입구까지 달려가자!"

한결이가 힘차게 소리쳤어요.

"헥헥! 도대체 계단이 몇 개야?"

힘차게 계단을 오르던 한결이와 다온이는 계단 중간쯤에서 지치고 말았어요.

"이렇게 올라갈 계단이 많다는 걸 알았다면 다른 걸 말했을 텐데."

한결이가 투덜대었어요.

"그러게. 로켓처럼 빠른 엘리베이터 같은 걸 말해도 되었잖아."

"그걸 생각 못 했네."

한결이가 머리를 긁적였다. 그 후로도 한참을 더 걷고 나서야 한결이와 다온이는 문 앞에 도착할 수 있었어요.

"도착이야. 헉헉! 이제 그냥 들어가면 돼?"

한결이가 숨을 몰아쉬며 물었어요.

"잠깐 기다려 봐. 상상 미로에선 이상한 일들이 많이 일어나니까 말이야."

다온이의 말에 한결이는 문 주변을 이리저리 살펴보았어요. 그러다 문 아래 놓인 작은 석상들을 발견했어요. 석상 아래쪽에는 작은 글씨가 쓰여 있었지요.

"어, 여기 바닥에 뭔가 쓰여 있어."

한결이가 그 내용을 읽어 보았어요.

"생명과 희망, 평화만이 이 문을 지날 수 있다. 죽음과 고통은 절대로 이 문을 지날 수 없다? 이게 무슨 소리지?"

한결이가 고개를 갸웃거렸어요.

"이건 아마 '상징'에 관한 이야기인 것 같아."

"상징? 다온아, 아까 상징을 뭐라고 말했지?"

"우리 눈에 보이지 않는 죽음이나 희망, 생명 등을 우리 눈에 보이는 걸로 대표해서 표현하는 게 상징이야. 예를 들어, 비둘기 하면 평화를 나타내고, 까마귀는 죽음을 상징하지."

"가만, 그럼 이 석상들도 뭔가를 의미하는 건가? 비둘기 모양도 있고, 까마귀 모양도 있어. 어! 클로버 모양도 있네. 이건 물결 모양 같은데? 네 말대로라면 까마귀는 죽음, 비둘기는 평화를 상징하는 거지?"

"응. 그리고 클로버는 보통 희망을 상징해."

한결이가 물결이 그려진 석상을 보며 말했어요.

"글 속에 나타나는 상징은 '글의 내용'에 따라 달라질 수도 있어. 그래서 글을 읽으면서 글쓴이가 이야기하고자 하는 것이 무엇인지 잘 파악하는 게 중요해."

다온이의 설명을 들으니 한결이는 머리가 복잡해졌어요.

"어떡하지? 여긴 다른 글도 없잖아. 이 석상이 생명을 나타낼지 죽음을 나타낼지는 완전 운이네. 넌 어떤 게 맞는 거 같아?"

"결국 선택은 한결이 네가 하는 거야. 어쩔 수 없어."

다온이가 고개를 가로저었어요. 한결이는 한참 망설이다 결정을 내렸어요.

"좋아! 그럼 난 비둘기, 클로버, 물을 가지고 갈 거야. 다온아, 준비됐지?"

한결이는 한 손으론 다온이의 손을 마주 잡고 남은 한 손으론 석상 세 개를 움켜쥐었어요. 그리고 크게 숨을 몰아쉰 뒤 문을 향해 발을 내디뎠어요.

"자, 간다!"

그때였어요. 갑자기 커다랗고 화가 난 듯한 목소리가 들려왔어요.

"너흰 틀렸다! 이 문으로 절대 죽음을 가지고 들어갈 수 없다!"

목소리와 동시에 문도 계단도 미로도 모두 무너져 내리기 시작했어요.

"으악!"

"으아아아악!"

한결이와 다온이도 함께 그대로 바닥으로 추락하기 시작했어요.

"한결아, 꽉 잡아!"

잠시 후 정신을 차려 보니 한결이의 몸은 미로 설명서 끝에 대롱대롱 매달려 있었어요. 떨어지는 순간 다온이가 주문을 걸어 미로 설명서를 공중으로 날아오르게 한 거였어요.

다온이가 손을 뻗었어요. 한결이는 간신히 설명서 위로 몸을 실을 수 있었어요.

"후유, 죽을 뻔했어!"

한결이는 너무 놀라 눈물이 나왔어요.

"아직 안심하긴 일러. 미로가 계속 무너지고 있어. 모든 게 무너지기 전에 빨리 이곳을 벗어나야 해."

다온이의 말대로 붉은빛 책들과 주변을 둘러싼 모든 것이 큰 소리를 내며 과자처럼 부서지고 있었어요.

"어떡해! 이제 우리는 미로에서 죽는 거야?"

한결이가 울먹거리며 말했어요.

"아직은 아니야. 저길 봐. 저 위에 다른 문이 또 생겼어. 저기까지 가기만 하면 이 미로에서 탈출할 수 있을 거야. 날아올라라, 깨비! 깨비!"

다온이가 주문을 외웠어요. 설명서가 '하늘을 나는 양탄자'처럼 문을 향해 날아올랐어요. 하지만 설명서는 얼마 가지 못하고 점점 아래로 내려가기 시작했어요.

"뭐야! 왜 날지 못해? 날아!"

한결이가 겁이 나서 외쳤어요.

"아무래도 우리 둘 무게는 너무 버거운 것 같아. 한결아, 혼자라도 이곳을 빠져나가야 해."

다온이의 말에 한결이가 고개를 절레절레 흔들었어요.

"싫어! 절대 안 돼! 너도, 나도 모두 탈출할 거야. 꼭!"

하지만 다온이가 단호하게 말했어요.

"탈출할 방법은 이제 없어. 집으로 안 돌아갈 거야?"

"아니야! 분명 뭔가 방법이 있을 거야. 그래, 직유법을 쓰면 될 거야! 비행기처럼 날아오르는 설명서!"

한결이가 크게 외쳤지만, 미로 전체가 무너지는 소리가 너무 커서 한결이의 목소리는 그 소리에 묻혀 버렸어요.

"안 돼! 나 혼자 안 간다고. 다온이 너랑 같이 갈 거야, 꼭!"

한결이가 울음을 터뜨렸어요. 그때였어요.

"가만! 좋은 생각이 났어. 이 설명서에 직접 글로 적어 보자."

"그게 무슨 말이야?"

한결이가 훌쩍이며 물었어요.

"비유나 상징을 담은 글을 쓰자는 거야. 처음에 구름이 사라지고 생긴 글씨 기억 안 나? 상상을 글로 써도 실제로 이루어졌잖아. 그러니까 네가 상상해서 비유와 상징이 담긴 글을 직접 써 보는 거야. 한결이 너라면 할 수 있어!"

다온이가 한결이의 손을 꼭 잡았어요. 한결이도 고개를 끄덕였어요. 이곳을 빠져나갈 수 있는 글을 쓰려면, 비유와 상징을 이용해 상상의 나래를 펼쳐야 했어요. 한결이는 눈을 감고 조용히 생각에 잠겼어요.

"그래, 생각났어!"

"모든 게 무너지고 있어. 서둘러, 한결아!"

한결이가 눈을 번쩍 뜨더니, 타고 있던 설명서 한 자락에 글을 쓰기 시작했어요. 처음 보는 진지한 한결이의 모습에 다온이는 왠지 든든한 마음이 들었어요.

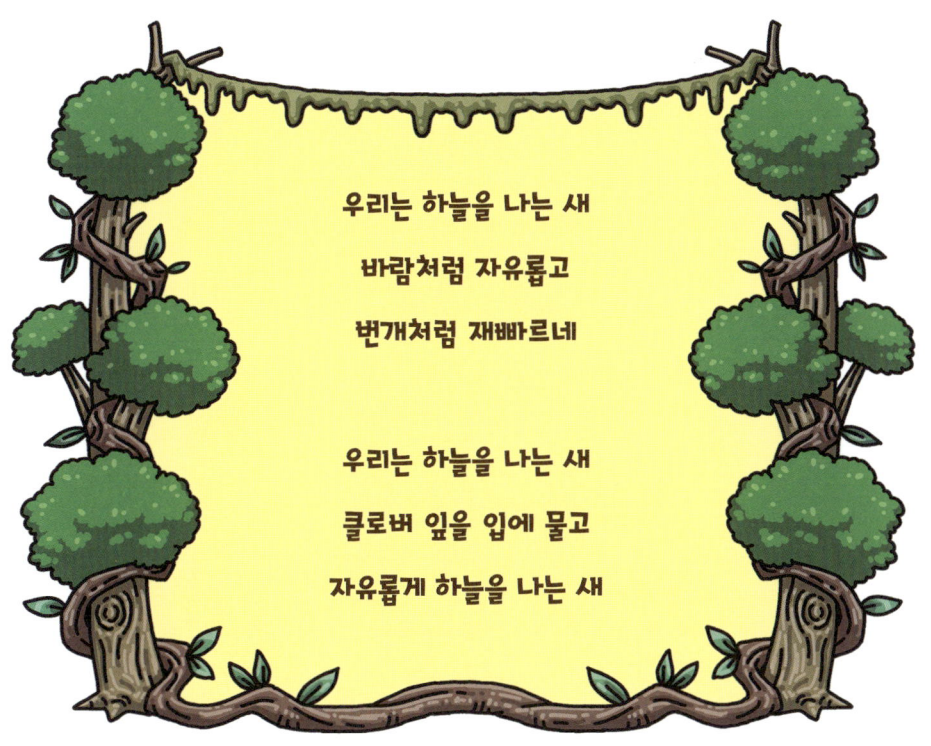

 그 순간 한결이와 다온이는 두 마리의 커다란 독수리로 변했어요. 그리고 한결이가 쓴 내용처럼 번개처럼 빠르고 바람처럼 자유롭게 문을 향해 날아갔어요. 한결이와 다온이가 문을 통과한 순간 한결이와 다온이의 모습은 원래 모습으로 돌아와 있었어요. 그리고 점점 작아지던 문이 사라지며 붉은색 보석이 한결이 손에 남겨졌어요.
 "다온아, 살았어! 우아, 성공이야!"

한결이와 다온이는 서로 껴안았어요. 그때 무겁고 낮은 목소리가 다시 들려왔어요.

"세 번째 미로를 통과했구나, 축하한다!"

"네 상상력이 없었다면 우린 성공하지 못했을 거야."

다온이가 엄지손가락을 치켜들자, 한결이가 머리를 긁적였어요.

그때였어요. 사방에서 이상한 소리가 들려왔어요.

"낄낄! 낄낄낄!"

그리곤 땅속에서 불쑥 커다란 책이 튀어나왔어요.

"낄낄! 낄낄낄!"

이상한 소리를 내며 책의 첫 장이 천천히 펼쳐졌어요.

비유와 상징이 뭐야?

1 비유

 어떤 사물이나 상황을 비슷한 것에 빗대어 표현하는 것을 말한다. 대표적으로 직유와 은유가 있다.
 직유법은 '~같이, ~처럼, ~듯이, ~인 양, ~마냥' 등을 써서 직접 표현하는 방법이며 은유법은 'OO은 OO이다'의 형식으로 이루어진다.

2 상징

 생각이나 가치 등 눈에 보이지 않는 것을 구체적인 사물로 대표해서 나타내는 방식이다. 까마귀-죽음, 하트-사랑처럼 사람들이 널리 사용하는 상징이 일반적이지만, 글쓴이가 글 속에서 특별한 의미를 부여해서 만든 상징도 있다.

6. 거꾸로 미로
: 반어와 역설, 강조 이해하기

"이제 마지막 미로야. 이곳만 통과하면 미로의 책에서 탈출할 수 있어!"

다온이가 두 주먹을 불끈 쥐었어요.

"어, 그런데 왜 그림이 거꾸로지?"

한결이의 말처럼 나무 위에서 공놀이를 하는 광대도, 그 옆을 지나는 새들도 모두 거꾸로 그려져 있었어요.

"거꾸로 미로니까 당연하지. 거꾸로 미로에선 뭘 해야 하는지 어서 수수께끼 시를 읽어 봐."

겉으로는 좋다고 하지만
사실은 싫은 거야.
내 이야기는
사실 반대거든.
여기선 앞뒤가 안 맞는 말도
마음껏 할 수 있어.
작고 약한 것도
매우 크고 강하게 변하지.
여기서 나가고 싶다면
네가 말하고 싶은 걸
거꾸로 말해 봐.

"휴, 마지막 미로의 수수께끼 시는 도대체 알 수가 없네. 좋다고 말해도 사실은 싫은 거라니. 그건 거짓말 아니야? 글쓰기에도 거짓말 쓰기가 있어?"
한결이가 고개를 절레절레 흔들었어요.

"있어. 글에 쓰인 내용과 진짜 뜻이 완전히 반대인 거. 거짓말처럼 보이는 것이 있지. 그걸 '반어'라고 해."

"반어?"

"반어는 본래 의미와 반대로 써서 그 뒤에 숨은 원래 뜻을 강조하는 방법이야. 한결이 너희 엄마도 반어를 잘 쓰시던데?"

한결이가 다온이의 말에 눈이 휘둥그레졌어요.

"우리 엄마가 언제?"

"네가 학교에서 공놀이하다 유리창 깼을 때 기억 안 나? 그때 엄마가 뭐라고 그랬어?"

다온이의 물음에 한결이가 시무룩한 표정으로 말했어요.

"'어이구, 아주 잘했다! 우리 아들.'이라고 하셨지."

"맞아. 그게 바로 반어야."

"뭐야, 그럼 반어는 엄마 잔소리 같은 거야?"

한결이가 고개를 갸웃거렸어요.

"그게 아니야. 엄마가 잘했다고 말하지만, 사실 혼내는 거잖아. 그러니까 겉으로 보이는 것과 뜻이 정반대되는 표현법을 사용하는 것이 반어법이야."

"여전히 알쏭달쏭해. 그럼 앞뒤가 안 맞는 말은 뭐야?"

한결이가 수수께끼 시의 한 부분을 가리키며 물었어요.

"그건 '역설'이라고 해. 말 그대로 앞뒤가 안 맞는 표현이지. 역설을 사용하면 자신이 하고 싶은 말을 강하고 특별하게 표현할 수 있거든."

"앞뒤가 안 맞는 말은 잘못된 거 아니야? 그런 것도 글에 나오는 거야?"

"한결이 너 혹시 '지는 게 곧 이기는 거야'라는 말 들어 본 적 있어?"

한결이가 고개를 끄덕였어요.

"응, 엄마가 친구와 싸울 때마다 하시는 말씀이야."

"그 말을 잘 생각해 봐. 지는 게 이기는 거라니 말이 앞뒤가 안 맞잖아?"

"그러게. 왜 지는 게 이기는 거지? 이상해."

한결이는 이야기를 나눌수록 머리가 점점 복잡해졌어요.

다온이의 말에 한결이가 고개를 끄덕였어요. 한결이와 다온이는 힘차게 미로 입구로 발을 내디뎠어요. 그런데 이게 웬일일까요? 분명 미로 문 안으로 들어갔는데 다온이와 한결이의 몸이 미로 밖으로 튕겨져 버렸어요.

"뭐야, 왜 안 들어가지?"

다온이가 미로 입구 주변을 이리저리 살펴보다 무언가 알아차린 것처럼 씩 웃었어요.

"알겠어. 이 미로는 거꾸로 미로잖아. 그러니까 들어가는 것도 거꾸로 해야 해."

"어떻게 하면 되는데?"

한결이가 물었어요. 다온이가 장난기 넘치는 얼굴로 말했어요.

"입구에서 몸을 등지고 거꾸로 달려가는 거야."

"거꾸로 미로니까 들어가는 것도 거꾸로란 거지. 그럼 해 보자!"

다온이와 한결이는 곧바로 나란히 미로 입구에 등을 대고 섰어요.

"하나! 둘! 셋!"

셋과 동시에 다온이와 한결이가 뒷걸음질 치며 힘껏 뛰었어요.

"여긴 정말 이상한 곳이야!"

한결이는 자리에 주저앉았어요. 거꾸로 미로에 들어서고 얼마 지나지 않아 다온이와 한결이는 지치고 말았어요. 마지막 미로인 거꾸로 미로는 정말 이상한 곳이었어요.

여기저기 화살표가 그려져 있었지만, 그곳을 따라가면 구덩이에 빠지기 일쑤였어요. 조급한 마음에 달려가면 길은 하염없이 길어졌고 지쳐서 천천히 걸으면 한순간에 몇백 미터를 이동하기도 했어요.

"그래도 기운 내. 이게 마지막 미로잖아."

다온이의 말에 한결이도 힘을 내어 다시 미로를 걷기 시작했지만, 아무리 걸어도 엉터리 방향 표지판만 보일 뿐 아무것도 나오지 않았어요.

"어떡하지? 이제 더는 못 가겠어. 여기서 포기하고 싶어. 이젠 정말 지쳤어."

한결이가 다시 주저앉으며 말했어요. 다온이도 주변을 쓱 살피고는 한결이 옆에 같이 주저앉았어요.

"그래, 네 말이 맞아. 우리 그만 포기하자."

다온이의 말에 한결이는 놀라 눈을 크게 떴어요. 방금 한 말은 힘들어서 나온 말이지 본심은 아니었거든요. 그런데 다온이가 그렇게 쉽게 포기하자고 말할 줄은 정말 몰랐기 때문이에요.

"야, 그래도 지금까지 잘해 왔……."

한결이가 무언가 말하려고 할 때, 다온이가 한결이에게 귓속말로 속삭였어요.

"이제야 이곳을 벗어날 방법을 알았어. 네가 포기하자고 할 때 미로가 줄어들었어. 달리면 늘어나고 천천히 가면 짧아지고. 알겠어? 이 미로에선 모두 반대로 해야 해."

다온이가 씩 웃었어요. 한결이도 그 말뜻을 눈치챘어요.

"아유, 다 소용없어. 그냥 포기하자, 우리!"

한결이가 큰 소리로 외쳤어요. 그러자 어디선가 이상한 웃음소리가 들려왔어요.

"낄낄낄, 어딜 포기해! 미로에서 탈출해야지!"

그 목소리와 함께 알록달록한 옷을 입은 광대가 한결이와 다온이 앞에 나타났어요.

"자, 나와 내기하자! 내기에서 세 번 이기면 너희들은 이 미로에서 탈출할 수 있어!"

광대가 머리를 빙글빙글 돌리며 말했어요.

"조……. 아아, 저희는 관심 없어요. 다 포기할 거예요. 내기 같은 건 절대 안 할래요!"

한결이는 하마터면 '좋아요!'라고 말할 뻔했어요.

"안 돼!"

광대가 화가 나서 외쳤어요.

"너희들은 무조건 내기를 해야 해. 자, 첫 번째 내기! 지금부터 내가 말하는 내용 중 거짓을 찾아내. 알았지?"

말을 끝낸 광대의 머리가 세 개로 변했어요. 각각 초록색, 빨간색 그리고 파란색 머리였어요.

"킥킥! 내 말이 맞지? 우리 계획대로 됐어!"

다온이가 웃음을 참으며 한결이에게 속삭였어요.

"자, 내기를 시작한다!"

광대의 머리 세 개가 모두 외쳤어요. 그리고 먼저 초록색 머리가 말했어요.

"정말 훌륭한 점심이군요."

두 번째로 빨간색 머리가 말했어요.
"그래. 계속 그렇게 하는 거야."
마지막으로 파란색 머리가 말했어요.
"난 절대로 울지 않을 거야."
세 개의 머리가 모두 말을 끝냈지만, 한결이는 누가 거짓말을 하고 있는지 찾을 수가 없었어요.

"누굴 골라야 하지? 지금 한 말로는 누가 거짓말을 하고 있는지 찾을 수가 없어."

고개를 갸웃거리는 한결이를 보고 다온이가 말했어요.

"이 내기는 반어법을 찾는 거야. 반어법은 말하고자 하는 내용과 반대로 말하면 되는 거야. 그런데 반어법은 문장만 보고 판단할 순 없어. 앞뒤 문장의 분위기를 보고 반어법인지 아닌지 알 수 있지."

한결이가 답답하다는 듯 말했어요.

"하지만 지금 말만 들어선 알 수가 없잖아. 어떻게 반어법을 쓴 것인지 알 수 있어? 질문을 해 볼까?"

한결이가 광대에게 물었어요.

"세 머리에게 다른 질문을 해도 돼요?"

"안 돼!"

머리 셋이 함께 소리쳤어요. 그러자 다온이가 불쑥 끼어들었어요.

"우린 절대로 너희에게 질문하지 않을 거야. 엄청 궁금해도 절대 질문하지 않아."

다온이의 말이 끝나자마자 광대가 다시 외쳤어요.

"너희는 무조건 나에게 질문해야 해. 이건 규칙이야!"

역시 거꾸로 미로였어요. 한결이는 웃음을 꾹 참고 먼저 초록색 머리에게 말했어요.

"점심 한 그릇 더 먹을래요?"

초록색 머리가 말했어요.

"당연하죠. 한 그릇 아니 열 그릇도 먹을 수 있어요."

이번에는 빨간색 머리에게 물었어요.

"그럼 말한 그대로 하면 되는 거죠?"

빨간색 머리가 대답했어요.

"그래! 그렇게 해서 다 망치는 거야, 어때?"

마지막으로 한결이는 파란색 머리에게 물었어요.

"그럼 슬픈 일이 있어도 절대 울지 않나요?"

파란색 머리가 대답했어요.

"당연하지! 눈물을 흘리는 광대는 광대가 아니야!"

모든 질문이 끝났어요. 다온이가 귓속말로 한결이에게 물었어요.

"누가 반어법을 쓰고 있는지 알겠어?"

한결이가 자신감 넘치는 목소리로 대답했어요.

"응, '훌륭한 점심'이었다고 말한 초록색 머리는 열 그릇도 먹겠다고 했으니 진실이야. 광대는 울지 않는다고 한 파란색 머리도 진실이지. 하지만 빨간색 머리는 '계속 그렇게 해'라고 하면서 뒤에는 그러면 다 망칠 거라고 했어. 그래서 반어법을 사용한 빨간색 머리가 거짓을 말했어."

한결이의 외침에 광대 머리들은 눈이 커다래졌어요.

"말도 안 돼! 내, 내가 내기에서 지다니 그럴 리 없어."

소리치던 광대의 빨간색 머리가 점점 커지더니 풍선으로 변해서 하늘 위로 날아가 버렸어요.

"다시 내기해! 두 번째 내기야!"

파란색 머리와 초록색 머리만 남은 광대가 소리쳤어요.

"이번 내기는 절대로 이기지 못할걸!"

화가 났는지 광대의 머리들이 점점 부풀어 올랐어요. 그 모습에 놀라 한결이는 내기를 하자는 말에 고개를 끄덕일 뻔했어요.

"아, 안 돼요! 난 절대 내기하지 않을 거예요!"

한결이가 간신히 반대로 말을 했어요. 물론 마음속은 내기를 이겨서 이곳을 빠져나갈 생각뿐이었지요.

"무조건 내기해야 해! 알겠어?"

광대의 두 개의 머리가 소리쳤어요. 그리고는 제멋대로 파란색 머리가 문제를 내기 시작했어요.

"지금부터 내가 말하는 사람을 반대되는 두 단어로 말해야 해. 분명히 말했다! 네가 사용할 단어는 서로 반대되는 단어야! 알겠지? 이번 문제를 틀리면 너희는 이 미로에서 절대 나갈 수 없게 될 거야. 그럼 시작한다!"

> 그는 키도 작고, 힘도 없고, 가진 것도 별로 없는 사람이었다. 하지만 그는 다른 사람들을 돕는 일에는 언제나 먼저 나섰다. 사람들은 그가 다른 사람을 돕는 일을 금세 포기할 거라고 생각했지만 몇 년이 흘러도 그의 모습은 달라지지 않았다.
>
> 시간이 지나자 사람들은 모두 그를 좋아하게 되었다. 키도 작고, 힘도 없고, 가진 것도 별로 없는 사람이었지만, 그는 마을 사람들의 영웅이었다.

한결이는 광대가 보여 준 글을 뚫어지게 바라보았어요. 키가 작고 힘도 없지만, 다른 사람을 위해 힘을 다하는 남자를 완벽히 반대되는 단어로 표현하라니……. 한결이는 아무리 생각해도 좋은 생각이 떠오르지 않았어요.

"으, 아무것도 생각나지 않아!"

한결이는 머리에 쥐가 나는 것 같았어요. 그때 다온이가 말했어요.

"한결아, 서로 반대되고 모순되는 두 단어로 표현하라는 말은 역설법을 사용하라는 뜻이야. 예를 들어, 깃발이 나부끼는 모습을 '소리 없는 아우성'이라고 표현한 시인이 있었는데, 이것도 역설법을 사용한 거야. '소리 없다'와 '아우성'은 완전히 뜻이 반대지만, 이 두 단어를 이용해서 표현하니까 깃발이 나부끼는 모습을 정말 효과적으로 표현할 수 있었거든."

다온이의 설명을 들은 한결이는 다시 곰곰이 생각에 잠겼어요.

"작고 힘도 없지만, 다른 사람들이 하지 못하는 일을 해낸 영웅. 작지만 큰 사람? 아, 바로 이거야!"

한결이가 확신에 찬 모습으로 광대에게 소리쳤어요.

"내가 선택한 말은 작은 거인이야! '작다'와 '거인'은 서로 완전히 반대지만, 작고 힘이 약한 사람이 영웅처럼 큰 일을 했으니 이만큼 적절한 표현은 없을걸!"

"으, 그걸 맞힐 줄이야. 아! 분하다! 분해!"

또다시 광대의 파란색 머리가 점점 부풀어 오르더니 아주아주 커다란 풍선으로 변해서 하늘 높이높이 올라가 버렸어요.

"마지막 내기! 마지막 내기를 하자!"

광대의 마지막 남은 초록색 머리가 화가 나서 외쳤어요.

"흥, 나는 절대로 내기는 하지 않을 거라니까!"

이제 반대로 말하는 것에 익숙해진 한결이가 광대에게 장난스러운 표정으로 말했어요. 물론 광대는 무조건 내기를 시작했어요.

"마지막 내기는 허풍쟁이 내기야. 누가 더 허풍을 잘 떠는지 내기하는 거다. 알았냐?"

초록색 머리 광대가 말했어요. 그 소리를 듣고 다온이가 냉큼 한결이에게 조용히 말했어요.

"지금 저 광대는 강조법을 쓰려는 거야."

"강조법?"

"응. 강조법은 실제보다 지나치게 크거나 지나치게 작게 표현하는 '과장법'이 있고, 똑같은 말을 반복하는 '반복법'이 있어. 내가 좋은 생각이 났으니까 강조법을 사용하면서 조금만 버텨 줘. 그럼 우리가 저 광대를 물리칠 수 있을 거야."

"응, 알았어. 최선을 다해 볼게!"

그때였어요. 한결이와 다온이의 눈앞에 거꾸로 미로의 입구가 다시 나타났어요.

"어? 이상한데? 다시 거꾸로 미로의 입구야. 아직 해야 할 일이 남은 걸까?"

한결이가 고개를 갸웃거렸어요. 다온이가 잠시 생각하다가 말했어요.

"우리가 미로로 들어올 때 거꾸로 들어왔잖아. 혹시 똑바로 들어가면 미로에서 나갈 수 있지 않을까?"

"좋아. 한번 해 보자!"

한결이와 다온이가 미로의 입구를 향해 발을 내밀자, 거꾸로 미로의 입구가 하얗게 빛나기 시작했어요. 그리고 입구는 어느새 은빛으로 빛나는 보석으로 변해 한결이의 손 위로 내려앉았어요.

"마지막 미로도 통과했구나, 축하한다!"

한결이가 네 가지 색 보석을 두 손에 소중히 모았어요. 그러자 하나로 모인 보석이 무지갯빛으로 빛났어요.

"저길 봐. 새로운 길이 생겼어!"

둘은 손을 잡고 그 길을 향해 걷기 시작했어요.

반어와 역설, 강조가 뭐야?

① 반어

어떤 말을 본래의 뜻과 반대로 사용하여 반대의 의미를 강조하는 방법이다.

예) "넌 정말 똑똑하구나! 이번 시험도 빵점이네."

② 역설

두 개의 논리적으로 맞지 않는 단어나 문장을 사용하여 자신이 하고 싶은 말을 특별히 강조하는 방법이다.

예) 이별은 사랑의 시작

③ 강조

표현하고 싶은 내용을 더욱 선명하게 나타내기 위해 과장하거나 반복적으로 나타내서 강조하는 방법이다.

예) 깃털처럼 가벼운 책가방
　　자유! 자유! 자유! 가장 소중한 가치!

한결이가 정신을 차렸을 때, 서재에는 한결이 혼자만 덩그러니 서 있었어요. 분명 미로의 책에서 며칠을 지낸 것 같았는데, 시계를 보니 불과 몇 분도 지나지 않았어요. 한결이는 씩 웃으며 혼잣말을 했어요.

"드디어 미로에서 탈출했어!"

지난번처럼 다온이의 모습은 보이지 않았지만, 한결이는 실망하지 않았어요. 다온이는 한결이가 도움을 요청할 때면 언제든 다시 나타날 테니까요.

미로의 책에서 여러 모험을 하면서 한결이는 문해력을 높이기 위해서는 단어의 뜻만 알아서는 안 된다는 사실을 알게 되었어요. 그리고 예전처럼 생각 없이 책을 읽고 책의 미로에서 헤매는 일은 겪지 않을 자신이 생겼어요.

한결이는 서재에서 책을 한 권 꺼내 펼쳤어요.

"독서를 시작해 볼까!"

한결이는 할아버지의 의자에 앉아 즐거운 독서를 새롭

게 시작했어요.

"역시 우리 손주가 최고라니까."

한결이의 할아버지가 그 모습을 몰래 바라보며 흐뭇한 미소를 지었어요.

"미로의 책을 만든 게 역시 할배였지?"

다온이도 어느새 할아버지 옆에 서 있었어요.

"허허, 목소리가 너무 티가 났나? 아주 낮고 무거운 목소리로 말했는데……. 첫 번째 미로를 통과했구나!"

할아버지가 웃으며 미로의 책 목소리를 흉내 내었어요.

"이제 이 서재의 주인은 한결이로 바뀌겠군."

다온이와 할아버지는 책을 읽고 있는 한결이의 뒷모습을 보며 흐뭇하게 미소 지었어요.

초판 발행 2024년 1월 17일
초판 인쇄 2024년 1월 5일

글 이기규 | 그림 김창호

펴낸이 정태선
기획·편집 윤주영, 김보섭
디자인 조정원
마케팅 정태영, 신보연, 장승희
펴낸곳 파란정원
출판등록 제395-2010-000070호
주소 서울특별시 은평구 가좌로 175, 5층
전화 02-6925-1628 | **팩스** 02-723-1629
제조국 대한민국 | **사용연령** 8세 이상 어린이
홈페이지 www.bluegarden.kr | **전자우편** eatingbooks@naver.com
종이 다올페이퍼 | **인쇄** 조일문화인쇄사

글ⓒ2024 이기규 | 그림ⓒ2024 김창호

ISBN 979-11-5868-273-6 73810

이 책은 저작권법에 따라 보호받는 저작물이므로 무단 전재와 무단 복제를 금지하며,
이 책 내용의 전부 또는 일부를 이용하려면 반드시 저작권자와 파란정원(자매사 책먹는아이·새를기다리는숲)의 동의를 얻어야 합니다.
*잘못된 책은 구입하신 서점에서 바꿔 드립니다.